地理
問題集
地理A・B
北野 豊 編

山川出版社

はじめに

　カンタンそうにみえる「地理」も，いざ勉強を始めてみると，意外と進まない。日本史では過去何カ年かの問題をやれば，だいたい一通りの内容にふれることができるのに対し，「地理」ではつぎつぎと新しい内容が登場して，的がしぼりにくい。そこで，ついつい投げ出してしまうことになりかねません。本書は入試まで「地理」の受験勉強をあきらめないで続け，良い結果が得られるよう，受験「地理」の入門書として，伴走者として，そして入試直前の総まとめとして利用できるよう編集しました。

◇　本書の構成と特色

① 　従来の参考書には内容的に豊富なものが多く，「覚えきれない」との印象を与える結果ともなっていました。本書ではセンター試験の出題頻度の高い事項・内容にしぼり，効果的な学習ができるようにしました。

② 　地図による「まとめ」に略地図を使用し，自分でまねて，簡単にまとめをつくれるようにしました。略地図の描き方についても紹介してあります。

③ 　入試問題はさまざまな知識を使って解かなければなりません。試験でいろいろな知識を必要に応じて思い出せるよう，その訓練の場として「総合スピード・チェック」を設けてあります。

◇　「地理」の受験勉強と本書の利用法

① 　学習のまとめにざっと目を通してから，「スピード・チェック」をやってみてください。解答はノートなどに書くのが良いでしょう。「スピード・チェック」は，1ページ10〜15分以内をメドに。試験は時間との勝負ですし，わからないものはいくら考えてもわかりません。わからない時は，まとめや解答をどんどんみていきましょう。とくに，＊印のついた問題や「総合スピード・チェック」は，まとめをみても載っていない事項があります。わからない時は解答をみてください。

② 　この問題集は30日で1冊終わらせましょう。1日30分から1時間の勉強で可能です。時間をかけてもあきるだけです。「覚えてから先へ進もう」では，先へ進めません。繰り返しによって，しだいに記憶は確かなものになってきます。本書を1回終わったら，もう1度繰り返してみましょう。2回目は，まとめや解答をみる回数も減ってくるでしょう。巻末に「スピード・チェック表」を用意してあります。

③ 　本書を2回繰り返したら，他の問題集，過去出題問題集などやってみましょう。その中で自分の弱点を発見し，その項目だけ本書でもう一度勉強してみましょう。そして，入試直前，本書を2週間でやり終えて，入試にのぞんでください。

④ 　受験勉強でスランプにおちいった時は，「こんなとき」を読んでみてください。

⑤ 　どこにあるかわからない地名が出てきたら，こまめに「地図帳」で調べてみましょう。教科書は長期休暇中に通して読んでみるとよいでしょう。300ページほどです。2日もあれば読めます。

2015年1月　　著　者

目　次

1	地理学習の基礎	4
	スピード・チェック	6
2	地理情報と地図の活用	8
	スピード・チェック	10
3	世界の地形	12
	スピード・チェック	14
4	世界の気候	16
	スピード・チェック	18
5	植生・土壌・環境問題	20
	スピード・チェック	22
6	世界の農牧業	24
	スピード・チェック	26
7	世界の鉱工業	28
	スピード・チェック	30
8	林業・水産業・第三次産業	32
	スピード・チェック	34
9	交通・通信	36
	スピード・チェック	38
10	貿易	40
	スピード・チェック	42
11	人口・村落・都市	44
	スピード・チェック	46
12	民族・宗教・国家	48
	スピード・チェック	50
13	東・東南・南アジア(1)	52
	スピード・チェック	54
14	東・東南・南アジア(2)	56
	スピード・チェック	58
15	西アジア・アフリカ	60
	スピード・チェック	62

16	ヨーロッパ	64
	スピード・チェック	66
17	旧ソビエト連邦	68
	スピード・チェック	70
18	アングロアメリカ(北アメリカ)	72
	スピード・チェック	74
19	ラテンアメリカ(中南アメリカ)	76
	スピード・チェック	78
20	オセアニア	80
	スピード・チェック	82
21	日本(1)	84
	スピード・チェック	86
22	日本(2)	88
	スピード・チェック	90
23	総合スピード・チェック(1)	92
24	総合スピード・チェック(2)	94
25	総合スピード・チェック(3)	96
26	総合スピード・チェック(4)	98
27	総合スピード・チェック(5)	100
28	総合スピード・チェック(6)	102
29	総合スピード・チェック(7)	104
30	総合スピード・チェック(8)	106
付1	略地図を描く	108
付2	地域調査の問題	110
付3	センター試験の解法	114

こんなとき 115

スピード・チェック表 116

1 地理学習の基礎

1 地球上の位置をあらわす

 日常的によく使用される用語が多い。「赤道」などの用語をみて，地球上での位置がわかるよう，使いながら慣れること。

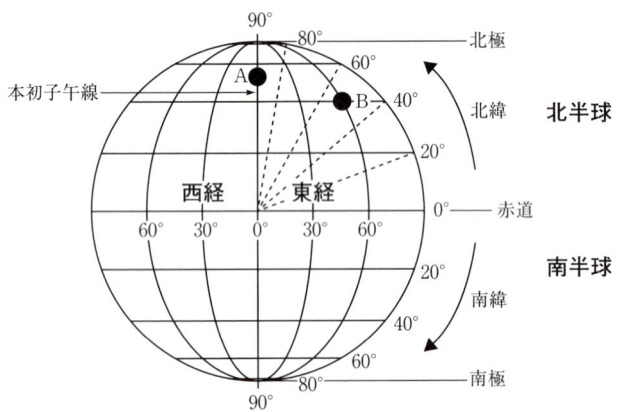

緯線 同じ**緯度**を結んだ線。(横の線)

　　緯度は0度から北緯90度(**北極**)，南緯90度(**南極**)まで。

　　緯度0度の線＝赤道

経線 同じ**経度**を結んだ線。(たての線)

　　経度は0度から東経180度，西経180度まで。

　　経度0度の線＝**本初子午線**

　　　本初子午線は1884年のワシントン会議で，

　　　ロンドン(イギリス)の**グリニッジ天文台**(● A 地点)を通る経線と決められた。

　　東経180度と西経180度の線は同一線。

● B 地点は，「北緯40度，東経60度」。

緯度・経度に関連した事項に，地球上の距離の求め方や，時差の求め方がある。
計算を伴う内容なので，本書では，「**付 時差・経緯度の計算**」(P.37)を設けて，そこで扱うことにした。

2 六大陸・三大洋

ポイントはこれだ☆ 六大陸・三大洋の名称と位置はもっとも基本的な事項の一つ。世界地図の略図を描いて覚えること。

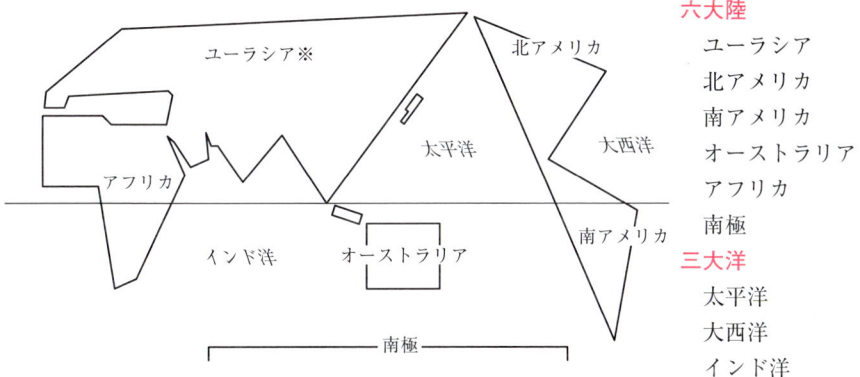

六大陸
ユーラシア
北アメリカ
南アメリカ
オーストラリア
アフリカ
南極

三大洋
太平洋
大西洋
インド洋

※ ユーラシア大陸

　　ヨーロッパ大陸　　アジア大陸　　ユーラシア大陸
　　　EUROPE　　+　　ASIA　　=　　EURASIA

3 地域区分

ポイントはこれだ☆ 各地域の特色を把握することは重要。その基礎となる地域区分は，世界地図の略図を描いてしっかり覚えること。

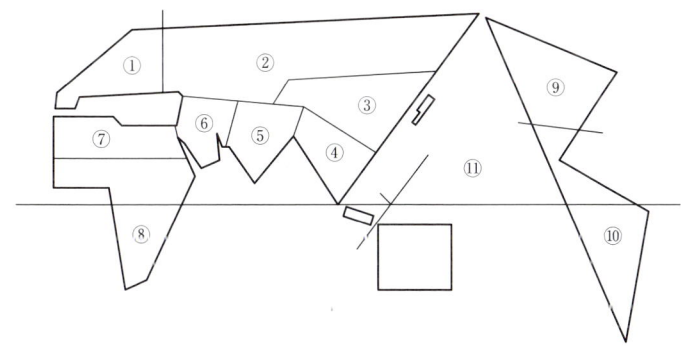

① ヨーロッパ　② 旧ソビエト連邦
③ 東アジア　④ 東南アジア　⑤ 南アジア　⑥ 西アジア
⑦ 北アフリカ　⑧ 中南アフリカ
⑨ アングロアメリカ(北アメリカ)　⑩ ラテンアメリカ(中南アメリカ)
⑪ オセアニア　※オセアニア(OCEANIA)は「大洋(OCEAN)地域」の意味。
　　　　　　　太平洋の地域をあらわすが，オーストラリアを含む。

スピード・チェック　1　地理学習の基礎

1. (¹　)～(⁷　)の語句を答えよ。

位置をあらわす方法の一つに座標を用いる方法がある。

地球上の位置をあらわす場合，座標の[x , y]にあたるものが「経度」と「緯度」で，同じ経度を結んだ線を(¹　)，同じ緯度を結んだ線を(²　)という。

北極と南極を結んで，イギリスの首都(³　)のグリニッジ天文台を通る線を経度0度として，東回りを東経，西回りを西経という。東経・西経は(⁴　)度まであり，この線は東経・西経同一である。

北極・南極から等距離にある地点を結んだ線が(⁵　)で，緯度(⁶　)度になる。この線から北が北緯，南が南緯で，ともに(⁷　)度まであり，北緯(⁷　)度の地点は北極，南緯(⁷　)度の地点は南極とよばれる。

2. (⁸　)～(¹⁸　)の地域名称を答えよ。

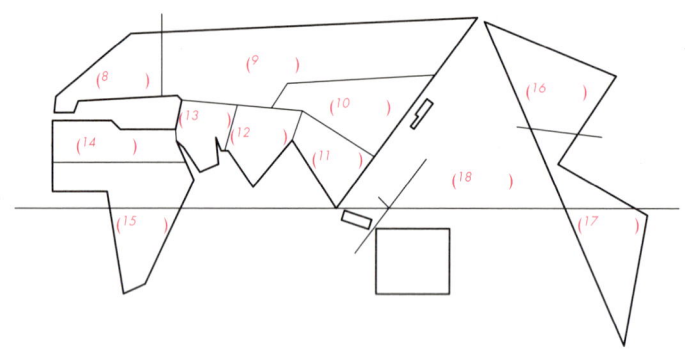

※　自分で世界地図の略図を描き，番号を変えてやってみると良い。

3. 世界地図の略図を描き，六大陸・三大洋の名称を記入せよ。

（世界地図の略図の描き方については，次ページを参照）

［世界地図の略図］

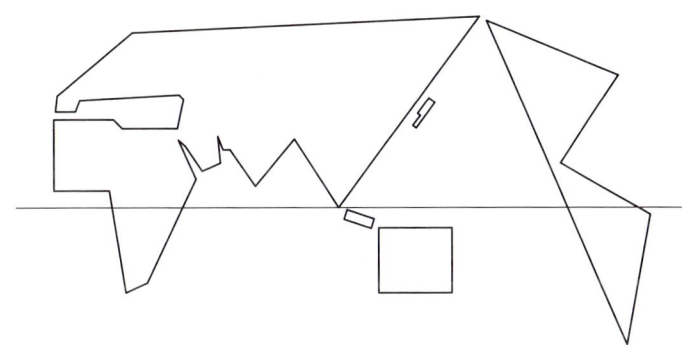

［世界地図の略図の描き方］

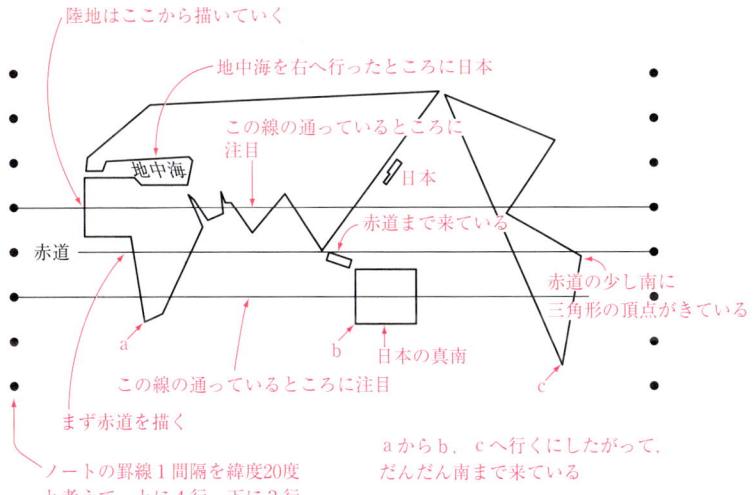

2 地理情報と地図の活用

1 いろいろな図法

ポイントはこれだ☆ 地図の図法名・特色・用途を覚える。地図を見て図法名がわかるようにすること。国連旗は北極中心の正距方位図法。

球面である地球を平面の地図に，**面積・方位・距離**などすべて正しく表わすことは不可能。用途に応じ，それぞれ正しく表わされる図法を使用する。

(1) **面積の正しい地図(正積図法)** **分布図に適す**
　サンソン図法(経線が中央経線をのぞきサインカーブ)
　モルワイデ図法(経線が楕円曲線)
　グード図法(低緯度：サンソン，高緯度：モルワイデ)

(2) **方位の正しい地図(正方位図法)** 図の中心からの方位が正しい
　心射図法(地球の中心から投影)　　平射図法(地球上の一点から投影)
　正射図法(無限のかなたから地球を投影)

(3) **方位・距離の正しい地図** 図の中心からの方位と距離が正しい
　正距方位図法
　図の中心と他の地点を結ぶ直線が地球上の最短距離を示す(大圏航路)

(4) **角度の正しい地図(正角図法)** **海図に利用**
　メルカトル図法
　地球上の二点間を結ぶ直線と経線の角度が地球上の角度と一致(等角航路)

2 地形図

 距離の求め方，等高線による地形の判断をしっかりできるようにすること。読図問題を多くおこなうことが重要。

(1) 特徴
　比較的狭い範囲の地域を表わすため，面積・方位・距離が正確

(2) 縮尺
　実際の距離を何分の1に縮めて図上で表わしているか示す
　縮尺「5万分の1」「25000分の1」の地形図が日本では一般的
　①距離の求め方
　　縮尺5万分の1　　図上の長さ(cm)×50000÷100＝実際の距離(m)→ ÷1000(km)
　　　25000分の1　　図上の長さ(cm)×25000÷100＝実際の距離(m)→ ÷1000(km)
　②面積の求め方
　図上の長さから，実際の距離を求めてから，面積を計算
　　5万分の1　　1cm×1cm　→　0.5km×0.5km　＝0.25km² (または
　　25000分の1　2cm×2cm　→　0.5km×0.5km　＝0.25km² $\frac{1}{2}km × \frac{1}{2}km = \frac{1}{4}km^2$)

2 　地理情報と地図の活用　　9

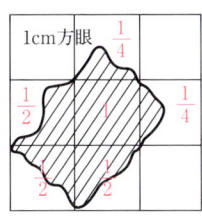

③**曲がった土地の面積計算**
面積を計算したい土地が方眼の中でどのくらいの割合を占めているか，から概算
　［5万分の1の場合］
　$1 + (\frac{1}{2} \times 3) + (\frac{1}{4} \times 2) = 3$
　1cm方眼$= 0.25 km^2$（または$\frac{1}{4} km^2$）なので
　$3 \times 0.25 = 0.75 km^2$（または$3 \times \frac{1}{4} = \frac{3}{4} = 0.75 km^2$）

(3)　**方位**

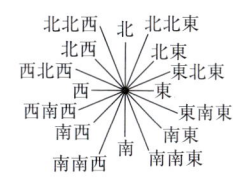

(4)　**等高線**
　等高線：同じ高さ（海抜高度）を結んだ線

等高線の種類	5万分の1	25000分の1
計曲線	100mごと	50mごと
主曲線	20mごと	10mごと
間曲線	10mごと	5mごと
助曲線	5mごと	2.5mごと

起伏を表わす

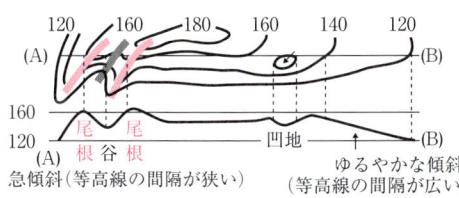

(5)　**地形図記号**
　三角点（△）：距離測定の基準点
　水準点（▭）：海抜測定の基準点
　建物記号など
　　◎ 市役所　　☼ 工場
　　⌂ 城址　　　✦ 発電所
　　干 神社　　　卍 寺院
　　⍓ 記念碑　　ℽ 電波塔
　　⌼ 煙突
　土地利用記号
　　ⅲ 田　　ⅴⅴ 畑　　ⅴ 桑畑
　　∴ 茶畑　　Ω 広葉樹林
　　∧ 針葉樹林　ⅶ 竹林
　　ⅲ 荒地

(6)　**読図**——地形図からいろいろ読み取ること（読図はよく出題される）
　①**縮尺を知る**：問題に縮尺が書いてない場合，等高線間隔から判断
　　主曲線の間隔が，20mなら「5万分の1」，10mなら「25000分の1」
　②**方位を知る**：地形図の上が北
　③**土地利用**
　　水の得やすいところ→水田
　　　三角州，扇状地の扇端部，氾濫原など
　　水の得にくいところ→荒地・桑畑・果樹園・畑
　　　扇状地の扇央部，段丘上，台地上，砂丘など
　　　茶畑は多雨地域で水はけの良いところ（台地上・斜面）
　　住宅：湧水点→扇状地の扇端部
　　　　　水害を避けて→自然堤防上，段丘上，台地上
　④**村落形態**：集村（塊村・路村）・散村など
　⑤**都市機能**：城下町・門前町・宿場町・衛星都市など
　⑥**歴史を知る**：条里集落（古代）・新田（江戸時代）
　　　　　　　　　屯田兵村（明治・北海道）など
　⑦**土地利用の変化**：扇状地（戦前：桑畑→戦後：果樹園）

⑧**地形を知る**

扇状地　　三角州

洪積台地

氾濫原
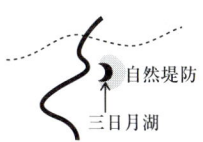

スピード・チェック 2　地理情報と地図の活用

1. (¹　)～(⁸　)にあてはまる図法名を答えよ。[語群]から選べ。

　球面である地球を平面の地図に面積・方位・距離などすべて正確に表わすことはできない。そこで，用途に応じてさまざまな図法が工夫されてきた。

　(¹　)は緯線が等間隔の平行線，経線は中央経線をのぞきサインカーブ（正弦曲線）で，面積は正しいが高緯度のひずみがいちじるしい。(²　)も面積の正しい地図で，緯線は高緯度になるにつれ間隔が狭くなる平行線。経線は楕円曲線。高緯度の陸地のかたちは比較的正確である。陸地のかたちを比較的正確にするため，緯度40度44分より低緯度を(¹　)で，高緯度を(²　)で表わした，断裂した世界地図が(³　)で，やはり面積が正しい。

　無限のかなたから地球を投影したと仮定した(⁴　)は，正方位で，図の中心からの大圏航路が直線で示される。地球の中心から地球を投影したと仮定した(⁵　)も正方位で，任意の二点間を結ぶ直線が大圏航路を示す。図の中心からの方位と距離が正しく表わされるのが(⁶　)。国際連合のマークは，北極中心のこの図法を使用している。

　(⁷　)は緯線が等間隔の同心円，経線が直線の中央経線をのぞいて，他は曲線。面積は正しいが，周辺へいくにしたがい，ひずみが大きくなるため，中緯度の地方図に利用される。(⁸　)は円筒図法を改良したもの。経緯線ともに平行な直線で，たがいに直角に交わる。面積・距離とも，高緯度へいくにしたがって拡大するが，等角航路が直線で示され，海図に使用される。

[語群]　正射図法　心射図法　メルカトル図法　ボンヌ図法　サンソン図法
　　　　正距方位図法　グード図法　モルワイデ図法

2. (⁹　)・(¹⁰　)にあてはまる語句を答えよ。

　地球上における二点間の最短経路（最短コース）を(⁹　)と言い，地球上の二点間を結ぶ時，つねに経線と一定の角度で交わるコースを(¹⁰　)と言う。

3. (¹¹　)～(¹⁸　)にあてはまる数字を答えよ。

図上の長さ	実際の距離	
	5万分の1の時	25000分の1の時
1 cm	(¹¹　)	(¹²　)
2 cm	(¹³　)	(¹⁴　)
(¹⁵　)	2 km	1 km
(¹⁶　)	3 km	1.5 km
8 cm	(¹⁷　)	(¹⁸　)

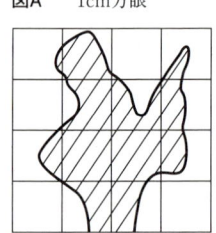

図A　1cm方眼

4. 図Aの斜線部の面積を求めよ。

(¹⁹　) 5万分の1地形図の場合
(²⁰　) 25000分の1地形図の場合

2 地理情報と地図の活用

5. (21)〜(24)にあてはまる経路（コース）をA〜Dから答えよ。

(21) ゆるやかなコース
(22) 尾根を通るコース
(23) 急なコース
(24) 谷を通るコース

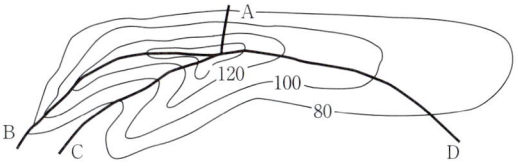

6. (25)〜(31)の問いに答えよ。

(25) 市岡からA山はどの方位にあるか。
(26) B付近の地形は何か。
(27) C・Dの河川は、まわりより高いところを流れている。このような河川を何というか。
(28) E・Fのように、旧河道が一部残った水域を何というか。
(29) 市岡から市岡新田までは図上で1cmあった。実際の距離はどれだけか。
(30) 市岡新田の集落起源は何時代か。
(31) 1〜6で内容が正しい文の番号を答えよ。

1. B付近に果樹園がみられるところから、B付近は水はけの良いことがわかる。
2. 市岡に神社が、A山の麓に寺院がある。
3. 市岡は湧水地点に立地した集落である。
4. G川は図中の→の方向へ流れている。
5. G川の蛇行部分は、治水ではなく船運の利便を考えて直線的に改修された。
6. この地図の表わす地域が仮に長野県であったとすると、B付近にはかつてΥの記号がみられたはずである。

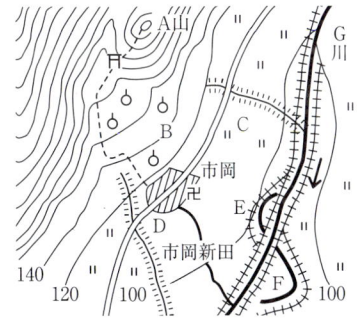

7. (32)〜(36)の問いに答えよ。

(32) Aや丘下新田のある地域の地形は何か。
(33) 丘下新田の集落形態は、つぎのどれか。
　塊村　路村　散村
(34) 丘下・丘下新田・Aのうち、一番新しい集落はどれか。（Aは住宅団地）
(35) 丘下の中心とBの中心とは図上で2cmはなれている。実際の距離は何mか。
(36) 1〜3で内容が正しい文の番号を答えよ。

1. Aから丘下新田にかけては、畑がみられる。
2. C川は図中の→の方向へ流れている。
3. ガケの部分には、広葉樹林はみられるが、針葉樹林はみられない。

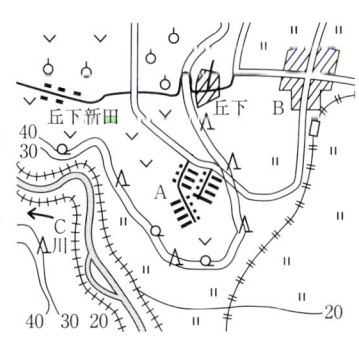

3 世界の地形

1 安定陸塊と造山帯

　プレート理論から理解していくとわかりやすい。安定陸塊・造山帯の分布，主要な山脈・高原の分布や名称は，地図上で覚えること。

①プレート
地殻（地球表面の硬い部分＝地球の殻）は多くのプレートに分かれている。

②成因

```
        大陸    安定陸塊              プレートがはなれていくところ
    ←            →  ←        →
     プレートがぶつかりあうところ    a．大地溝帯（火山もみられる）ができる
      山脈ができる（造山帯）  山脈   b．海底の山脈（海嶺）ができる
                                    （例）a．東アフリカ　b．アイスランド
```

③特色

地質時代	造山運動	名称	現在（豊富な地下資源）
先カンブリア時代	○	**安定陸塊**……比較的平坦：**楯状地**（鉄鉱石）・**卓状地**（石油）
古生代	○	古期造山帯……比較的なだらかな山脈（石炭）
中生代・新生代	○	新期造山帯……けわしい山脈（非鉄金属）：地震・火山活動活発

④分布

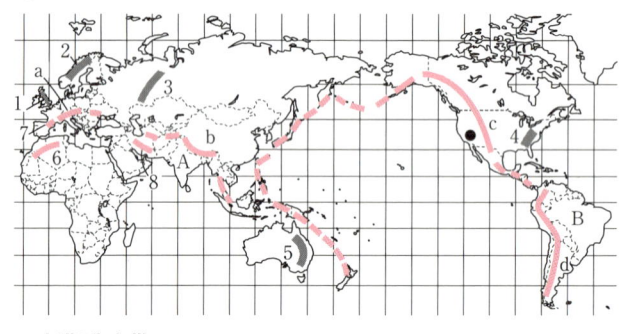

安定陸塊
（楯状地・卓状地）
A　デカン高原
B　ブラジル高原

古期造山帯　◆
1 ペニン山脈　2 スカンディナヴィア山脈　3 ウラル山脈　4 アパラチア山脈　5 グレートディヴァイディング山脈

新期造山帯
アルプス・ヒマラヤ造山帯（a アルプス山脈・b ヒマラヤ山脈）
6 アトラス山脈　7 ピレネー山脈　8 ザグロス山脈
環太平洋造山帯（c ロッキー山脈・d アンデス山脈）

●プレートのずれる境界
（サンアンドレアス断層）

⑤安定陸塊の地形

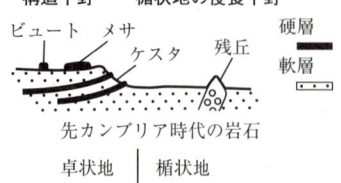

構造平野　楯状地の侵食平野
ビュート　メサ　ケスタ　残丘
硬層　軟層
先カンブリア時代の岩石
卓状地　｜　楯状地

⑥造山帯の地形

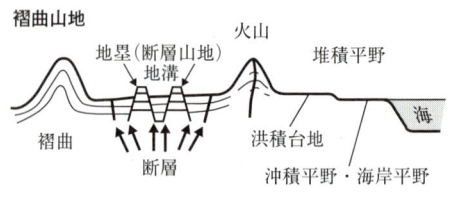

褶曲山地
地塁（断層山地）　火山
地溝　　　　　　堆積平野
褶曲　断層　洪積台地　沖積平野・海岸平野　海

2 いろいろな地形

ポイントはこれだ☆ 地形の形態・でき方（成因）と関連づけて，地形名称をしっかり覚える。
扇状地・三角州は性質の違いを理解すること。

①河川と地形

扇状地と三角州の比較

	扇状地	三角州
堆積物	れき	砂・泥
水はけ	良（高燥地）	悪（低湿地）
地下水位	深い	浅い

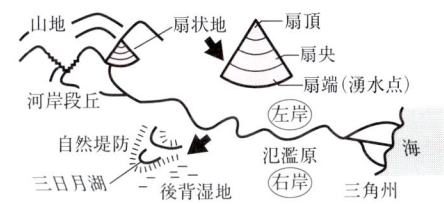

②海岸の地形

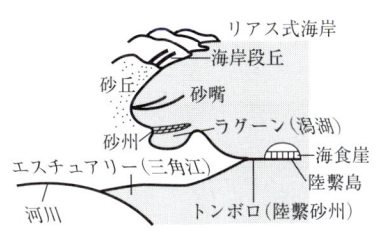

③氷河の地形

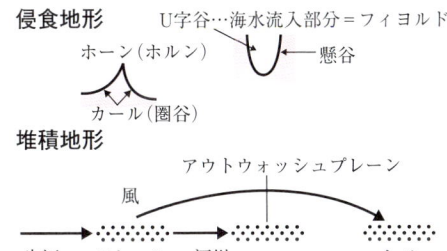

④カルスト地形：二酸化炭素を含んだ水によって，石灰岩が溶食され形成。
アドリア海沿岸カルスト地方（スロベニア西部）に典型。

溶食地形

⑤乾燥地形

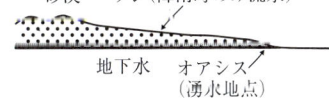

⑥火山地形

（阿蘇山は世界最大のカルデラをもつ）

⑦さんご礁

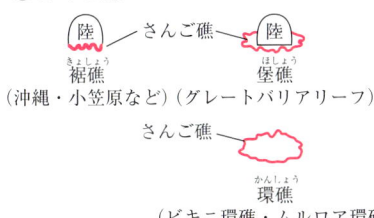

⑧海底地形

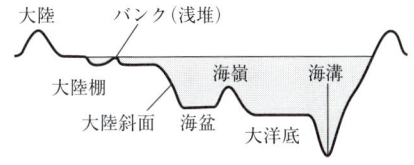

14

スピード・チェック　3　世界の地形

1. (¹　)～(⁹　)にあてはまる語句を答えよ。

　地球の内部はまだ高温だが，表面はさめて硬くなっている。この表面の部分を(¹　)といい，多くのプレートに分かれている。

　プレート中央部は(¹)の変動も少なく(²　)とよばれるが，これは先カンブリア時代の岩石が地表にあらわれている(³　)と，その一部がゆるやかに沈降して浅い海となり，そこに土砂が堆積して再びおだやかに隆起した(⁴　)とに分けられる。前者では鉄鉱石，後者では石油の埋蔵量が多い。

　プレートとプレートがぶつかりあう地域では(¹)の変動ははげしく，高い山脈ができ(⁵　)になっている。これは古生代にできた(⁶　)と，中生代から現在にかけて活動が続いている(⁷　)とに分けられる。前者は侵食も進み比較的なだらかな山脈が多く，(⁸　)が豊富に埋蔵され，後者は山脈もけわしく，(⁹　)もよく発生し，火山も多い。

2. (¹⁰　)・(¹¹　)にあてはまる語句を答えよ。

　安定陸塊ではさまざまな侵食地形がみられる。傾いた硬い地層と軟らかい地層が交互に層をなしている地域では，軟らかい地層だけ大きく侵食されて(¹⁰　)とよばれる地形をつくりだしている。パリ盆地にはこの地形がいくつもみられる。

　複数の断層によって，まわりより高くなってできた山地を，断層山地または(¹¹　)とよぶ。ドイツ南部のシュヴァルツヴァルトもこうした山地のひとつである。

3. (¹²　)～(²³　)にあてはまる山脈名と，(²⁴　)・(²⁵　)にあてはまる高原名を答えよ。

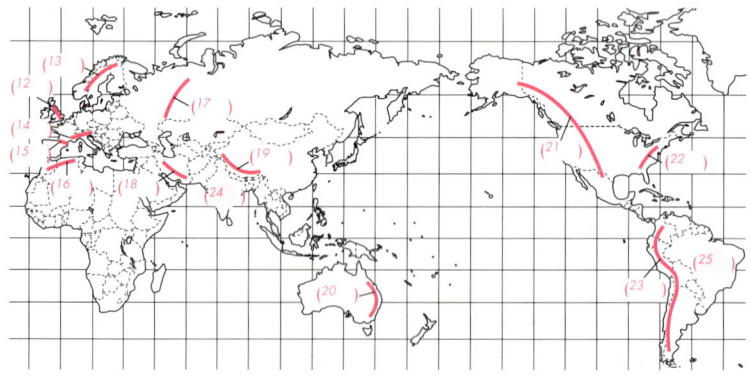

4. (²⁶　)～(³¹　)にあてはまる語句を答えよ。

　流れの速い河川が平地に出ると急に水の勢いが弱くなって，今まで押し流してきた石をそこに堆積する。こうしてできた堆積地形は(²⁶　)とよばれ，石が多いため水がしみこみやすく，中央部は地下水位も深く，水不足となるため水田には適さない。平地部分

は河川が氾濫をくりかえし，(27   )とよばれる地形をつくっている。とくに河川の周辺は堆積物も多く，まわりより少し高くなって(28   )とよばれ，その外側は水はけの悪い(29   )となっている。平地部分では河川は蛇行しやすく，流路が直線化した時，河川の一部が取り残されてできた小さな池は(30   )とよばれる。

浅い海では，河川が枝わかれしながら砂や泥を堆積し，(31   )とよばれる地形がつくられる。(27   )や(31   )は水害の危険性は高いが，水田には適している。

5. (32   )～(52   )にあてはまる地形の名称を答えよ。

地球上にはさまざまな地形がみられる。

(32   )は山地が海に沈んだためできた出入りのはげしい海岸で，スペインのリア地方にこのような海岸がみられるところから名づけられた。日本の三陸海岸もこうした形態の海岸である。土地と海面の変動などによって形成された階段状の海岸地形は(33   )とよばれる。(34   )は河口が海に沈んだため，海にむかってラッパ状にひろがった河口で，テムズ川・セーヌ川の河口などはこの例である。

(35   )は氷河によって半椀形にけずりとられてできた凹地地形で，それがいくつもできることによって，けずり残された部分がするどくとがってできた凸地地形は(36   )とよばれる。(37   )は氷河の侵食によってつくられた谷で，その地形の部分に海水がはいりこんでできた入江が(38   )で，スカンディナヴィア半島西海岸に多くみられる。(39   )は氷河が運んできた砂礫(されき)が，氷河の末端に堆積した地形で，この地形の地域やアウトウォッシュプレーンから風でとばされた細かい砂が堆積した地形は(40   )とよばれる。

乾燥地域では降雨時だけ水が流れる河川がある。こうした河川を(41   )とよんでいる。

石灰岩は二酸化炭素を含んだ水によって溶食され，さまざまな地形を形成する。この地形はアドリア海沿岸カルスト地方(スロベニア西部)にみられるところから，まとめて(42   )と名づけられている。日本の秋吉台(山口県)もこうした地形である。この石灰岩地域の地形には多くの凹地がみられる。ドリーネ・ウバーレと規模が大きくなり，さらにドリーネが連合して大きくなった凹地地形は(43   )とよばれている。

火山もさまざまな形をみせている。(44   )は火山が火口部分から大きく陥没してできた凹地地形で，阿蘇山のこれは世界最大規模である。

さんご虫の遺骸などが集まってできた石灰質の岩礁をさんご礁という。陸についているさんご礁を(45   )，オーストラリアのグレートバリアリーフのように陸から離れてみられるさんご礁を(46   )，陸がみられずさんご礁だけが環状になっているものを(47   )という。海底にもいろいろな地形がみられ，大陸から続く(48   )はおおむね水深200m以内で，海底の傾斜もきわめてゆるやかである。大洋底は比較的平坦で大洋に広く分布する。そのなかに海底山脈である(49   )や，海底盆地である海盆がみられる。とくに大西洋中央部に伸びる(49   )が海面上にあらわれた(50   )島には，地溝帯や火山・温泉などがみられる。造山帯周辺の海底は水深が深く，造山帯に沿って細長く伸び，(51   )とよばれる。インド洋中央部にも(49   )が見られる。(51   )がみられる地域は，海底で発生した地震によって(52   )が発生し，スマトラ島をはじめとするインド洋沿岸，東日本の太平洋側などで大きな被害が出たことは記憶に新しい。

4 世界の気候

1 気候区分

 気候区分の名称・特色・分布をしっかり覚えること。気候記号を覚えておくと，特色がわかりやすい。

ケッペンの気候区分

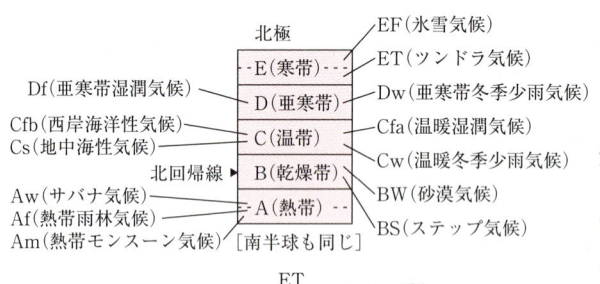

f：年じゅう降雨あり
w：冬乾燥
s：夏乾燥
bにくらべaの方が年平均気温高い

[海抜高度による変化]
高度100mが高くなるごとに気温は0.65℃低下

高山気候（H）

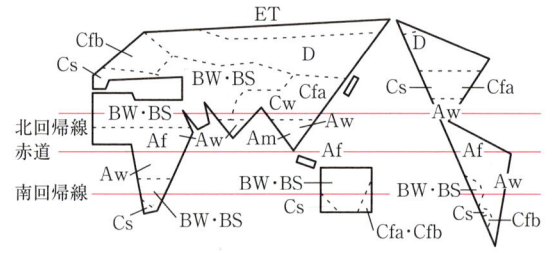

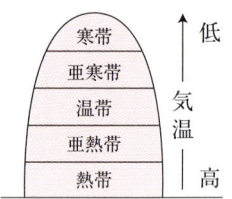

南半球では陸地の分布の関係でDの気候がみられない。
アフリカ・オーストラリア・南北アメリカ大陸におけるCsの分布に注目。
Amの気候がみられるところに注目。Dwはシベリア（ユーラシア大陸東部）のみ。

2 気候の変化

 地球上における気温・降水量・風の変化の理論をしっかり理解しておくと，気候分布がわかりやすい。

気候要素：気温・降水量・風など
気候因子：変化をもたらす要因（緯度・水陸分布・海抜高度など）

(1) 緯度による変化

①気温

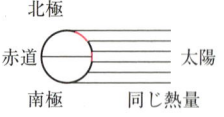

太陽から地球にやってくる熱量は同じだが，
赤道付近は真上からさすので暑く，北極・
南極の方は斜めからさすので暑くならない。（真昼と朝夕の太陽を考えてみよう）

4 世界の気候

②降水量と風

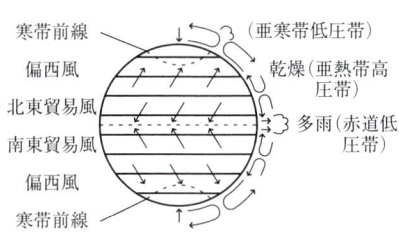

（極高圧帯）
寒帯前線
偏西風　　（亜寒帯低圧帯）
北東貿易風　乾燥（亜熱帯高圧帯）
南東貿易風　多雨（赤道低圧帯）
偏西風
寒帯前線

◎亜熱帯は雨が降りにくいのに対して蒸発量が多いので，乾燥した気候になる。（乾燥帯）
◎風は地球の自転の関係で，南北方向に対して斜めに吹くようになる。

河川流量
熱帯の河川：年中多い。
亜寒帯・寒帯の河川：融雪期（春）に多い。
●日本
北海道・本州日本海側の河川：融雪期（春）に多い。
太平洋側の河川：6月（梅雨）・9月（台風）に多い。
瀬戸内の河川：年中少ない。

(2) 傾いている地球

①地軸の傾き　公転面に垂直でなく，約23.5度傾き。

北回帰線　　　　　　　南回帰線
（北緯23.5度）a　太陽　b（南緯23.5度）

②気温の変化（a・bは，①の太陽の位置を表わす）

太陽高度	気温	亜熱帯	温帯	亜寒帯
a	高	高(夏)	夏(長)冬(短)	春	夏(短)冬(長)
b	低	低(冬)			

夏[四季]冬
秋

※北半球（南半球は逆）

エルニーニョ現象
ペルー沖の太平洋東部（西半球）海水面温度，平年より
高い→エルニーニョ現象
低い→ラニーニャ現象
（世界的異常気象発生の可能性）

③降水量の変化（a・bは，①の太陽の位置を表わす）

赤道低圧帯
北回帰線 ----B---- a　乾燥期(乾季)と降雨期(雨季)BS
赤道　　 ----A----　　年じゅう多雨Af　多雨期(雨季)と乾燥期(乾季)Aw
南回帰線 ----B---- b　乾燥期(乾季)と降雨期(雨季)BS

(3) 水陸分布・隔海度による変化　中緯度の地域では大陸の西と東で気候が違う

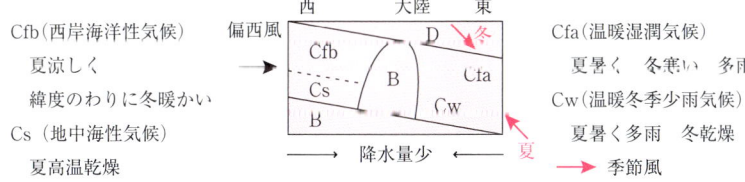

Cfb(西岸海洋性気候)
　夏涼しく
　緯度のわりに冬暖かい
Cs(地中海性気候)
　夏高温乾燥

Cfa(温暖湿潤気候)
　夏暑く　冬寒い　多雨
Cw(温暖冬季少雨気候)
　夏暑く多雨　冬乾燥

→季節風

(4) 局地風(地方風)と熱帯低気圧

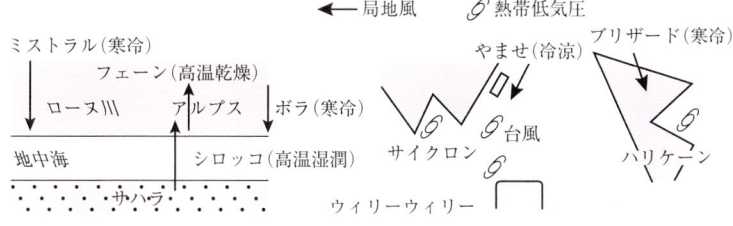

←局地風　　熱帯低気圧
ミストラル(寒冷)　　　　　　やませ(冷涼)　ブリザード(寒冷)
　　フェーン(高温乾燥)
ローヌ川　アルプス　ボラ(寒冷)
地中海　シロッコ(高温湿潤)　サイクロン　台風　ハリケーン
　　サハラ　　　　　　ウィリーウィリー

スピード・チェック　4　世界の気候

1. (¹　)～(⁸　)にあてはまる語句を答えよ。

　気候の特徴は気温・降水量・風などの(¹　)によってあらわされる。そしてそれらに変化をもたらす原因を(²　)という。

　気温は緯度・隔海度・海抜高度などの(²　)によって変化がみられる。低緯度の赤道付近は気温が高く，高緯度に行くにしたがって気温は低くなる。これは太陽から地球にやってくる熱量は同じだが，赤道付近は真上からさすので暑く，北極・南極の方は斜めからさすので暑くならない。同じ太陽でも真昼の太陽は暑く感じられるのに，朝夕の太陽はそれほど感じられないことからもわかる。気温によって世界は赤道を中心として南北へ(³　)・亜熱帯・(⁴　)・(⁵　)・(⁶　)と気候区分できる。

　中緯度の大陸では，西岸は海洋の影響を受け，同じ緯度でも夏は西岸の気温が東岸にくらべ(⁷　)く，冬は逆になる。

　海抜高度は100m高くなるごとに0.65℃気温が低下し，(³　)の高山では(³　)～(⁶　)の気候が垂直に分布する。

　高温の赤道付近は上昇気流ができやすく，雨が降りやすい。しかし，南・北回帰線付近では下降気流になり，雨が降りにくい。したがって亜熱帯の地域は乾燥しやすく，補給される水分の少ない大陸内部とともに(⁸　)となる。したがって，世界の気候区分は大きく，(³　)・(⁸　)・(⁴　)・(⁵　)・(⁶　)となる。

　風は高圧帯から低圧帯にむかって吹く。回帰線付近と極付近は高圧帯となり，それにはさまれた地域が低圧帯となる。

2. (⁹　)～(¹²　)にあてはまる風の名を答えよ。

　亜熱帯高圧帯から赤道にむかって吹く風は，北半球では(⁹　)，南半球では(¹⁰　)とよばれる。(¹¹　)は亜熱帯高圧帯から亜寒帯低圧帯にむかって吹く風である。

　中緯度の大陸東岸では大陸と海岸の比熱の違いによって，夏は海洋が高圧帯，冬は大陸が高圧帯となる。このため夏と冬とで風向が逆になる風を(¹²　)という。

3. (¹³　)～(¹⁶　)にあてはまる語句を答えよ。

　地球は公転面に対して垂直でなく，約23.5度傾いている。このため，太陽が南中時（正午）に真上からさす位置は南北回帰線のあいだを移動する。それにともなって，気温の高い地域，乾燥する地域も北と南に移動する。今，これらが北半球へ移動した時，北半球の気温は上がって，季節が(¹³　)となり，南半球へ移動した時，北半球の気温は下がって，季節が(¹⁴　)となる。温帯では移行期の秋・春を加えて，四季がはっきりしている。赤道付近は年じゅう雨が多いが，北半球の夏では雨の多い地域が北へ移動して，乾燥帯でも雨の降りやすい地域がみられ，冬では乾燥地域が南へ移動するため，熱帯でも乾燥する地域がみられるようになる。このように熱帯と乾燥帯の接する地域一帯では，雨の降る(¹⁵　)と，乾燥する(¹⁶　)の二つの季節にわかれる。

4. (17)にあてはまる人名と，(18)～(29)にあてはまる気候名・気候記号を答えよ。

※最暖月(最寒月)：月平均気温が一番高い月(低い月)

世界の気候区分は何人もの学者が試みているが，現在では(17)の気候区分をもとに，それを修正したものがよくもちいられる。

寒帯はさらに，最暖月平均気温が0℃未満の(18)と，最暖月の平均気温が0℃以上，10℃未満で，短い夏の時期だけ氷雪が融けて，地衣類・せん苔類が生育し，地下は永久凍土の(19)，の二つに気候区分される。

(20)は，最寒月の平均気温は－3℃より低く，最暖月の平均気温は10℃以上。長く厳しい冬と短い夏が特徴で，タイガとよばれる針葉樹林帯のひろがるところがある。この気候帯はさらに亜寒帯湿潤気候と亜寒帯冬季少雨気候に分けられる。

温帯は，さらに四つに気候区分される。(21)は夏暑く，冬寒く，降水量が多い。(22)は夏暑く降水量が多いが，冬乾燥する。ともに季節風の影響を受ける。(23)は夏涼しく，冬は緯度のわりには暖かい。年間，比較的安定した降水量がある。また，(24)は夏高温乾燥，冬は温暖で降水量が多くなる。

乾燥帯は全般的に降水量が少ないが，降水量が少し多くなる雨季があり，草原がみられる(25)と，植生のほとんどない砂漠がひろがる(26)とに区分される。

熱帯は最寒月の平均気温が18℃以上で，降水量が多い雨季と，降水量が極端に少なくなる乾季がある(27)では，疎林と草原がみられる。また，全般的に降水量が多い(28)の地域ではうっそうとした密林（ジャングル）がみられる。

(29)は海抜高度が高くなるにしたがって，気温が低下することによってみられる気候で，熱帯地域では，熱帯から温帯，さらに寒帯まで垂直的にみられる。

5. (30)～(36)にあてはまる局地風の名と，(37)～(40)にあてはまる熱帯低気圧の名を答えよ。[語群]から選べ。

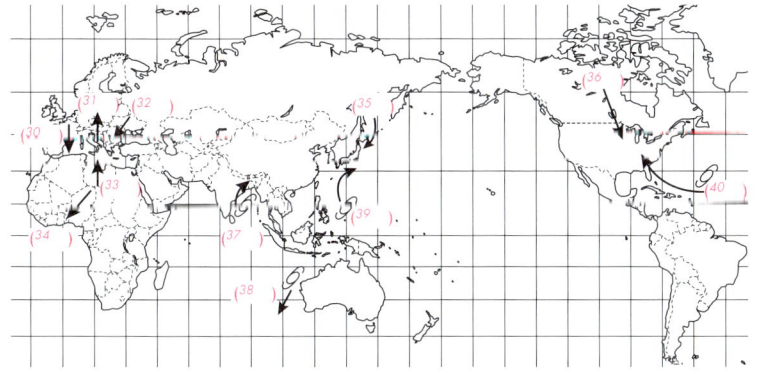

[語群] ハルマッタン シロッコ ミストラル ボラ ブリザード 台風
やませ フェーン ハリケーン サイクロン ウィリーウィリー

5 植生・土壌・環境問題

1 植生・土壌

ポイントはこれだ☆ 植生・土壌の分布は気候区分と関連づけて理解すること。特色ある間帯土壌は地域を判断する手がかりとなる。

(1) 植生

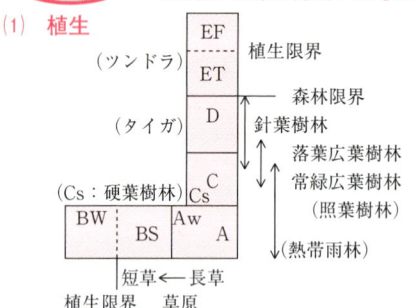

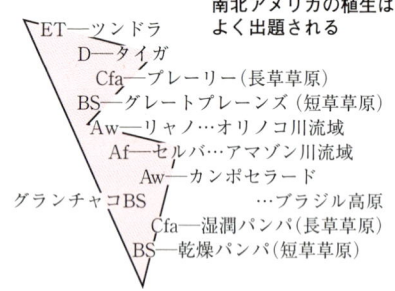

南北アメリカの植生はよく出題される

①**成帯土壌**の分布

気候・植生の分布と基本的に一致。

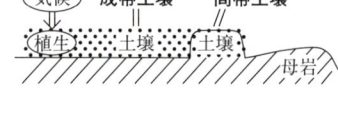

②特色ある**間帯土壌**

名称	母岩	色	分布	農産物
テラローシャ	玄武岩など	暗紫色	ブラジル高原南部	コーヒー
テラロッサ	石灰岩	赤色	地中海沿岸	
レグール土	玄武岩	黒色	デカン高原	綿花

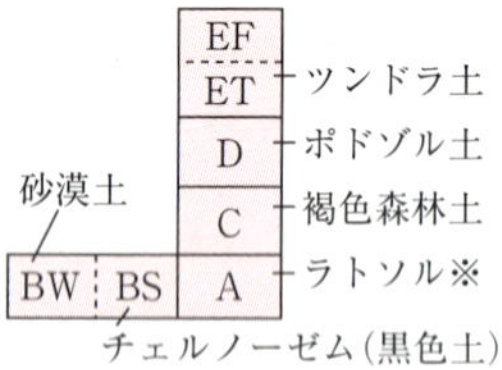

※鉄分多い：ラテライト　アルミ多い：ボーキサイト

2 環境問題

ポイントはこれだ☆ どのような環境問題がどこで発生しているか，その原因は何か，解決にむかってどのような取り組みがなされているか理解しておくこと。

(1) 環境問題の発生　→「大量生産・大量流通・大量消費」→環境汚染・破壊

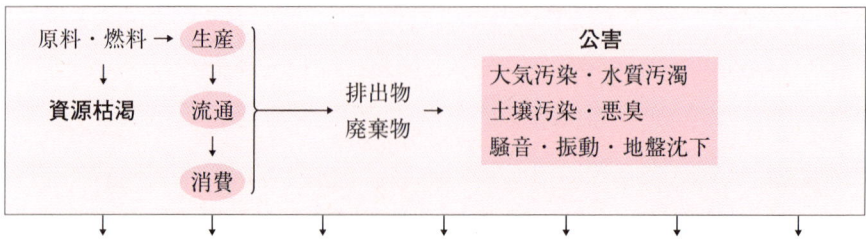

5　植生・土壌・環境問題

(2) 日本の公害問題
足尾銅山鉱毒事件……明治期(日本の公害問題の原点)
高度経済成長にともない公害問題も深刻化→公害対策基本法(1967年)
四大公害病　　**水俣病**(熊本・鹿児島県)：有機水銀
　　　　　　　新潟水俣病(新潟県, 阿賀野川)：有機水銀
　　　　　　　四日市ぜんそく(三重県)：亜硫酸ガス
　　　　　　　イタイイタイ病(富山県, 神通川)：カドミウム

(3) 地球規模の環境問題
①**酸性雨**　硫黄酸化物・窒素酸化物など　　　　　　　　酸性雨被害はヨーロ
　　　　　　↑排煙・排ガス　　↓酸性雨(pH 4～5未満)　ッパで大きかったが,
　　工場・発電所　　　　森林被害(樹木の立ち枯れ)　　現在, 中国・インド
　　自動車など　　　　　湖沼の酸性化→水性生物死滅　などで深刻化。
　　　　　　　　　　　　鉄・コンクリートなどの腐食

②**地球温暖化**　二酸化炭素など(温室効果ガス)　→　大気温の上昇
　　　　　　　↑排煙・排ガス　↓CO_2　×　　　　　　↓
　　工場・発電所　　　　　×　　O_2↑　　　異常気象
　　自動車など　　　　熱帯林破壊　　　海水面の上昇※
　　※　モルディヴなど低平な海洋国では, 海水面の上昇によって, 国土の水没する危険性が指摘されている。

③**オゾン層破壊**　フロンガス　→　オゾン層破壊　極付近の破壊がとくに進行
　　　　　　　　↑排出
　　スプレー・冷却液など　　　紫外線の増大→ガンの増加など

④**熱帯林破壊**　熱帯林─────→ 破壊 ⇨ 生態系の破壊・地球温暖化
　　　　　　　　↑　　　　　アマゾニア・インドネシアなどで破壊が進行
　　道路の開発・農地の開発・えび養殖池(マングローブ林伐採)・用材伐採

⑤**砂漠化**　少雨地域──────→ 干ばつ ⇨ 植生 ← 飛
　　　　　　↑　　　　　　　過　牧 → 減少 → 砂
　　定住化の進行　　　　　　　　砂漠化
　　(人口増による食料増産・換金作物の生産)　サヘルでとくに進行
　　異常気象(降雨の減少)　　　　　　　　　　(サハラ砂漠周辺部)

(4) 国際的な環境問題への取り組み
1972年　国連人間環境会議(ストックホルム)→「人間環境宣言」
　　　　……**かけがえのない地球**→UNEP(国連環境計画)事務所：ナイロビ(ケニア)
1982年　ナイロビ宣言
1992年　環境と開発に関する国連会議(リオデジャネイロ)＝地球サミット
　　　　→**アジェンダ21**(会議で採択された環境保護についての行動計画)
1997年　気候変動枠組条約締約国会議(地球温暖化防止京都会議)⇒京都議定書
　　　　「二酸化炭素などの排出規制が産業発展を抑制」と発展途上国が反発
2002年　持続可能な開発に関する世界サミット(ヨハネスバーグ)

スピード・チェック 5 植生・土壌・環境問題

1. (1)〜(13)にあてはまる植生・土壌を答えよ。[語群]から選べ。

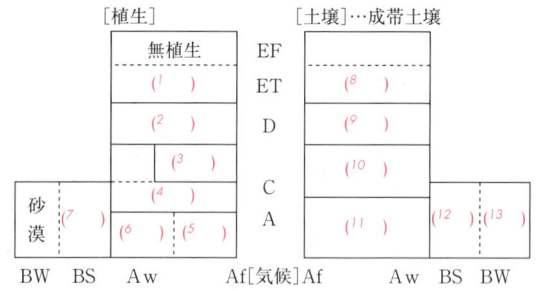

[語群] ラトソル　ポドゾル　チェルノーゼム　褐色森林土　砂漠土　ツンドラ土
　　　サバナ　ツンドラ　落葉広葉樹林　熱帯雨林　針葉樹林　常緑広葉樹林　ステップ

2. (14)〜(22)にあてはまる語句を答えよ。[語群]から選べ。

　南北アメリカ大陸には特色ある植生がひろがっている。カナダには(14)とよばれる大規模な針葉樹林帯がある。アメリカ合衆国・カナダ中西部の長草草原は(15)とよばれ、ロッキー山脈東側のステップ気候の短草草原は(16)とよばれている。オリノコ川流域には(17)とよばれる熱帯草原、アマゾン川流域には(18)とよばれる熱帯雨林、ブラジル高原には(19)とよばれる熱帯草原、パラグアイ川流域には(20)とよばれる熱帯草原がそれぞれひろがっている。アルゼンチン東部の温帯草原は(21)、アルゼンチン中部のステップ気候の短草草原は(22)とよばれている。

[語群] グランチャコ　カンポセラード　グレートプレーンズ　湿潤パンパ　リャノ
　　　セルバ　プレーリー　タイガ　乾燥パンパ

3. (23)〜(26)にあてはまる土壌名を答えよ。[語群]から選べ。

　黒海沿岸（ウクライナ）の黒土は(23)とよばれている。母岩の性質を有する間帯土壌も地域的に特色がある。ブラジル高原南部には(24)、地中海ヨーロッパ沿岸には(25)、デカン高原には(26)がみられる。

[語群] テラローシャ　テラロッサ　レグール土　チェルノーゼム

4. (27)〜(30)にあてはまる環境問題を答えよ。[語群]から選べ。

　工場・自動車などの排煙・排ガスに含まれる硫黄酸化物・窒素酸化物の増大によって(27)が、工場・自動車などの排煙・排ガスの増大と、熱帯林の破壊による炭酸同化作用の低下による、大気中の二酸化炭素（炭酸ガス）の増大によって(28)が引き起こされる。(29)は大気中に排出されるフロンガスの増大によって、(30)は道路・農地の開発にともなう森林伐採などによって引き起こされる。

[語群] オゾン層破壊　熱帯林破壊　酸性雨　地球温暖化

5　植生・土壌・環境問題

5. (³¹　)～(³⁹　)にあてはまる語句を答えよ。[語群]から選べ。

　人間による環境汚染・環境破壊によって，人間自身が大きな被害を受け，あるいはまた受けようとしている。
　(³¹　)・アマゾン川流域を中心に進行している(³²　)は，その地域の生態系を破壊するだけでなく，(³³　)の原因の一つともなっており，これによって異常気象が発生したり，海面上昇も心配されている。海面が上昇すると，(³⁴　)のような国土全体の海抜高度が低い海洋国では，国土の大半が水没してしまう危険性がある。
　(³⁵　)は現在のところ(³⁶　)地域で進行しており，紫外線の増大にともなうガンの増加の危険性が指摘されている。(³⁷　)はとくに(³⁸　)で進行しており，樹木の立ち枯れ，水生生物の死滅，鉄やコンクリートなどの腐食といった被害が発生してきた。現在では，(³⁹　)・インドなどで深刻化している。

[語群]　オゾン層破壊　　熱帯林破壊　　酸性雨　　地球温暖化　　モルディヴ
　　　　インドネシア　　ヨーロッパ　　高緯度　　中国

6. (⁴⁰　)・(⁴¹　)の問いに答えよ。

(⁴⁰　)特に砂漠化が進行しているサハラ砂漠南側の周辺地域を何とよんでいるか。
(⁴¹　)砂漠化の進行について，1～5を順に並びかえよ（5が最後）。
　1．干ばつの発生にともない，食料確保のための家畜飼育の増大。
　2．本来，農耕に適さない地域における農耕の開始。
　3．家畜が草や樹木を食べていくことによる植生破壊の進行。
　4．異常気象による極端な少雨にともなう干ばつの発生。
　5．飛砂の多発による植生破壊と砂漠の拡大。

7. (⁴²　)～(⁴⁵　)にあてはまる語句を答えよ。[語群]から選べ。

　日本ではとくに高度経済成長期を通じて多くの公害病が発生してきた。そのなかでも，熊本県から鹿児島県にかけて発生した有機水銀中毒である(⁴²　)，阿賀野川流域で発生した有機水銀中毒の(⁴³　)，富山県神通川流域で発生したカドミウムにより骨がおかされていく(⁴⁴　)，亜硫酸ガスによる大気汚染で発生した(⁴⁵　)は，「四大公害病」とよばれている。

[語群]　イタイイタイ病　　水俣病　　新潟水俣病　　四日市ぜんそく

8. (⁴⁶　)～(⁵⁰　)にあてはまる語句を答えよ。[語群]から選べ。

　1972年，スウェーデンの(⁴⁶　)で国連人間環境会議が開かれ，(⁴⁷　)が採択され，「かけがえのない地球」がさけばれた。1992年には環境と開発に関する国連会議が，ブラジルの(⁴⁸　)で開かれ，この通称「地球サミット」では(⁴⁹　)が採択された。
　1997年には気候変動枠組条約締約国会議が(⁵⁰　)でおこなわれたが，二酸化炭素等の排出規制などをめぐって，先進国と発展途上国とで対立した。

[語群]　京都　　リオデジャネイロ　　ストックホルム
　　　　人間環境宣言　　アジェンダ21

6 世界の農牧業

1 農牧業の類型

ポイントはこれだ☆ 農牧業の類型名と特色，主要作物・家畜を覚える。分布については気候と関連づけて理解すること。

主要気候帯	農牧業類型	主要作物・家畜
A	移動式農業(焼畑)	イモ類・雑穀など
B E	遊牧	(B)羊・やぎ (E)トナカイなど
B	オアシス農業	小麦・なつめやし・綿花など
A C	アジア式稲作農業	稲
B C D	アジア式畑作農業	雑穀・豆類・小麦など
C	地中海式農業	ぶどう・オリーブ・小麦・羊など
C D	混合農業	小麦・ライ麦・えん麦・牛・豚など
C D	酪農	乳牛
C	園芸農業	野菜・花卉(かき)など
B C D	企業的穀物農業	小麦
B	企業的放牧業	肉牛・羊
A	プランテーション農業	油やし・カカオ・コーヒー・茶など

2 農産物と家畜

ポイントはこれだ☆ 主要農産物・家畜の名と主要生産地の気候について覚えること。地域的に特色ある農産物・家畜は地域を判断する手がかりとなる。

①穀物
  えん麦　D
  大麦　D C A
  ライ麦　D
  小麦[西アジア]
　　春小麦　D
　　冬小麦　C
  とうもろこし[アメリカ] D C A
  稲[インド〜中国] C A
※[　]内：原産地
　A〜E：主要生産地の気候帯

②いも類・豆類
  じゃがいも(馬鈴薯(ばれいしょ))[アンデス山脈]　D
  さつまいも(甘藷(かんしょ))[メキシコ]　C
  タロいも[東南アジア]　A　→サトいも
  ヤムいも[中国〜東南アジア]　A　→ヤマいも
  キャッサバ(マニオク)[ラテンアメリカ]　A
　　　　　　　　　　　　→粉：タピオカ
  大豆[アジア東部]　D C A

③嗜好作物
  茶・たばこ　C A
  コーヒー・カカオ・こしょう　A

④砂糖・油脂・繊維のとれる作物

砂糖
  てんさい　D
  さとうきび　A

油脂
  なたね・ひまわり　D C
  なつめやし　B
  落花生　A
  油やし・ココやし　A

繊維
  亜麻　D
  綿花　C B A
  サイザル麻・マニラ麻　A
  ジュート　A

6 世界の農牧業 25

⑤家畜
　［おもな用途］　　　　　　　　　　　　　　　酪製品(牛乳加工品)
　　役用(力を利用)・毛・乳・卵・肉など　　　　バター・チーズなど
　［分布］　A～E：主要飼育地の気候帯
　　トナカイ(カリブー)　E　　　　地域的に特色ある家畜
　　乳牛　DC　肉牛・豚　CA　　ヤク(ウシ科)：チベット(役用・毛・乳・肉)
　　羊・やぎ　CB　らくだ　B　　アルパカ(ラクダ科)：アンデス山脈(毛)
　　水牛　A　　　　　　　　　　　リャマ(ラクダ科)：アンデス山脈(毛)

3　いくつかの農業知識

ポイントはこれだ☆　用語の意味を覚えること。地域を判断する手がかりとなる用語が多い。

①輪作
　同一農地で，一定の周期で栽培する作物を循環させる農法(原点：三圃式農業(さんぽ))

②乾燥地域の農業

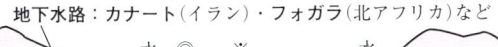

地下水路：カナート(イラン)・フォガラ(北アフリカ)など　　※　乾燥農法
地下水　　水　◎　※　　水　オアシス　　　雨季に土をほりかえし，土中に水分をいれ，細土で蒸発を防いで水分を封じ込める(非灌漑)
◎ センターピボット　　　　オアシス農業
中心：地下水　　回転させ灌漑

③傾斜地の農業

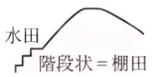 

水田
階段状＝棚田　　　　　　等高線耕作：土壌流出を防ぐため等高線に沿って畝をつくる

④土地制度
　タウンシップ制(アメリカ合衆国)
　　中西部開拓のための土地区画・払い下げ制度。　→　屯田兵村(北海道)の
　　(農家1戸につき$\frac{1}{4}$セクション：約65ha)　　　　参考に
　ラテンアメリカの大土地所有制
　　大農場の名称：**ファゼンダ**(ブラジル)・**エスタンシア**(アルゼンチン)など

⑤その他
　緑の革命……発展途上地域
　　戦後，多収穫品種の導入などで，食料生産が大きく増加。
　生産責任制(生産請負制)……中華人民共和国
　　各農家に一定の農業生産の責任をもたせ(請け負わせ)，それをこえる生産物の自由販売を認めて，農業生産の増大をはかる制度。人民公社は解体。
　フィードロット……アメリカ合衆国など
　　柵で仕切って，高カロリーの飼料を与え，短期間に肉牛を肥育させる農場。

スピード・チェック　6　世界の農牧業

1. (1)～(12)にあてはまる農牧業形態を答えよ。

　世界の農牧業形態は，つぎの12の形態に類型化することができる。
　鍬や掘棒などの原始的な農具を使って，焼畑を営む(1　)。家畜の飼料となる草地を求めて移動していく牧畜業である(2　)。乾燥のきびしい地域で，湧水を利用しておこなう(3　)。季節風による降雨を利用しておこなわれる労働集約的な稲作の(4　)。アジアの比較的降水量の少ない地域で，灌漑を利用しておこなわれる畑作の(5　)。温暖で降雨のある冬季に栽培できる作物や，高温乾燥の夏季に耐えられる作物を栽培する(6　)。食料・飼料用作物の栽培と，家畜の飼育が組み合わされている(7　)。乳牛を飼育して，牛乳・乳製品を生産する(8　)。都市域周辺で，果樹・野菜・花卉などを，集約的な管理によって栽培する(9　)。人口希薄な地域に発達した，販売目的の大規模な穀作である(10　)。人口希薄な地域に発達した，販売目的の大規模牧畜業である(11　)。それに熱帯・亜熱帯に発達した，欧米人が先住民・黒人などを農業労働者として使用した大規模な農園農業の(12　)である。

2. (13)～(27)にあてはまる作物名を答えよ。

　小麦は栽培時期によって，秋に種をまき，春に収穫する(13　)と，春に種をまき，秋に収穫する(14　)とに分けられる。小麦にくらべ，さらに寒冷地で生産できる麦に(15　)・えん麦などがあり，大麦はさまざまな気候のもとで栽培されている。
　(16　)は東南アジア原産のイモで，日本のサトいもは同種である。(17　)は華南南西部から東南アジア原産のイモで，日本のヤマいもは同種である。(18　)は熱帯アメリカ原産のイモで，デンプンはマニオクとよばれる。(19　)はアンデス山脈が原産のイモで，ヨーロッパに普及。日本では北海道で生産が多い。
　砂糖原料作物は南と北で栽培されている。(20　)は熱帯を主産地，(21　)は冷帯を主産地としている。
　ヤシにもさまざまな種類がある。(22　)はメラネシア原産のヤシで，胚乳を乾燥させたものがコプラである。西アジア原産の(23　)は，果実がナツメに似ているところから名づけられ，果実は食用となる。(24　)は西アフリカ原産のヤシ。ヤシ油・パーム油をとり，食用・石けんの原料になる。
　繊維原料作物としては，低湿地で生産され，インド・バングラデシュなどが主産地の(25　)。原産地には諸説あるが，アメリカ合衆国・中国・インドが主産地で，ウズベキスタンからの輸出も多い(26　)。ブラジル・中国・メキシコなどの生産が多い，メキシコ原産，ひがんばな科の(27　)などがある。

3. (28)～(38)にあてはまる語句を答えよ。

　一定の周期で，栽培する作物を循環させる農法を(28　)という。これは，北西ヨーロッパで，かつてひろくおこなわれた，夏作・冬作と休閑を組み合わせた(29　)を原点としている。

6 世界の農牧業

傾斜地で階段状にした水田を⁽³⁰⁾（　）という。湿潤地域の傾斜地や，大区画の畑地における土壌侵食を防止するため，畝を等高線沿いにつくった農耕法を⁽³¹⁾（　）といい，アメリカ合衆国などにみられる。

19世紀中頃のアメリカ合衆国で，中西部開拓のためおこなわれた公有地分割制度を⁽³²⁾（　）といい，160エーカー（約65ha）の土地が，入植農家に払い下げられた。農地の広いアメリカ合衆国では，⁽³³⁾（　）とよばれる家畜の肥育を目的として柵で区画した牧場や，乾燥地域においては，中心部から送りこんだ水をパイプを移動させながら円型に灌漑する⁽³⁴⁾（　）という方法もおこなわれている。

ラテンアメリカでは今でも各地に大土地所有制度が残り，大農園はアルゼンチンでは⁽³⁵⁾（　），ブラジルでは⁽³⁶⁾（　），チリではアシエンダとよばれる。インドや東南アジアなどでも地主制が残り，食糧増産がじゅうぶん進まず，そうした状況を解決するため，多収穫品種を導入し，飛躍的に穀物生産を増大させた。これを⁽³⁷⁾（　）とよんでいる。中華人民共和国では土地改革によって地主制を廃止し，農業の集団化を進め，やがて人民公社をつくった。しかし，人民公社による生産の停滞が大きな問題となり，1戸ごとに農家の生産を請け負わせる⁽³⁸⁾（　）が取り入れられ，人民公社は廃止された。

4. *⁽³⁹⁾（　）〜⁽⁴⁸⁾（　）にあてはまる農産物名を答えよ。[語群]から選べ。

上段が主要生産国
下段が主要輸出国
年によって変動があります。傾向としてとらえること。

(39)　中国・ベトナム・インドネシア・バングラデシュ・インド
　　　タイ・ベトナム・アメリカ・パキスタン・インド

(40)　中国・インド・ロシア・アメリカ・フランス
　　　アメリカ・フランス・カナダ・ロシア・アルゼンチン

(41)　アメリカ・中国・ブラジル・メキシコ・インドネシア
　　　アメリカ・アルゼンチン・ブラジル・フランス・インド

(42)　アメリカ・ブラジル・アルゼンチン・中国・インド
　　　アメリカ・ブラジル・アルゼンチン・パラグアイ・カナダ

(43)　インド・フィリピン・中国・エクアドル・ブラジル
　　　エクアドル・コスタリカ・フィリピン・コロンビア

(44)　中国・インド・ケニア・スリランカ・トルコ
　　　ケニア・スリランカ・中国・インド・ベトナム

(45)　ブラジル・ベトナム・コロンビア・インドネシア・インド
　　　ブラジル・ベトナム・コロンビア・インドネシア

(46)　コートジボワール・インドネシア・ガーナ・ナイジェリア・カメルーン
　　　コートジボワール・ガーナ・インドネシア・ナイジェリア・カメルーン

(47)　中国・インド・アメリカ・ブラジル・パキスタン
　　　アメリカ・ブラジル・インド・ウズベキスタン・オーストラリア

(48)　タイ・インドネシア・マレーシア・インド・ベトナム
　　　タイ・インドネシア・マレーシア・コートジボワール・ベトナム

[語群]　茶　　米　　小麦　　綿花　　大豆　　バナナ　　カカオ
　　　　コーヒー　　天然ゴム　　とうもろこし

7 世界の鉱工業

1 鉱業

ポイントはこれだ☆ 主要鉱産物について，どこで何が産出されるか，しっかり覚えておくこと。

①石炭

ヨーロッパ	旧ソ連	アメリカ
▲ ▲	▲ ▲	▲
イギリス ドイツ	(ドネツ)(クズネツク)	(アパラチア)
(各地) (ルール)		

インド	中国	オーストラリア
▲	▲ (フーシュン)	▲
(ダモダル)	▲ (ピンシャン)	(モウラ)

②石油・天然ガス

ヨーロッパ	旧ソ連	アメリカ
♯(北海)	♯(チュメニ) ♯	♯ ♯
	(ヴォルガウラル)	(カリフォルニア)(メキシコ湾岸)
	♯(バクー)	

北アフリカ・西アジア	中国・東南アジア	♯メキシコ
♯ ♯ ♯	♯中国	♯ベネズエラ＝
アルジェリア クウェート イラン	マレーシア	ボリバル
リビア サウジアラビア イラク	インドネシア	

③鉄鉱石

ヨーロッパ	旧ソ連	アメリカ
■スウェーデン	(マグニトゴルスク)	■(メサビ)
■フランス	■	
(ロレーヌ)	■(クリボイログ)	■ブラジル
		(カラジャス)
インド	中国	■ブラジル
■	■(アンシャン)	(イタビラ)
(シングブーム)	■(ターイエ)	
	オーストラリア■	

④銅鉱石
アメリカ合衆国
チリ(チュキカマタ)
オーストラリア
ザンビア
「**カッパーベルト**」

⑤ボーキサイト(ラトソルの中で**アルミニウム**分の多いもの。熱帯)
オーストラリア(ウェイパ)・**ジャマイカ**・**ギニア**など

⑥すず
マレーシア
インドネシア
ボリビア(ポトシ)など

⑦希少金属(レアメタル)
埋蔵量が少なく偏在。
(南アフリカ共和国)

発電
水力多い：カナダ・ブラジル
原子力多い：フランス
火力多い：中国
オーストラリア：原子力なし
ドイツ：再生可能エネルギー志向

---

2 工業立地

ポイントはこれだ☆ 説明を読みながら，その工業生産をおこなうのに，とくに何が必要か，生活実感から理解するようにつとめること。

(1) **産業革命**：18世紀後半～　イギリス(綿工業)

　成立要因(五つのM)　原料(Material)・市場(Market)・労働力(Man)・
　資本(Money)・マニュファクチュア(Manufacture) → 機械(Machine)

7 世界の鉱工業

(2) 動力の変化と工業立地

［水力］水車を使用　→　［蒸気力］蒸気機関を使用　→　［電力］
　　河川沿いに立地　　　燃料の石炭のとれるところ　　基本的にどこにでも立地
　　　＝　水力立地　　　に立地　＝　炭田立地

(3) 原料立地

①原料の重さや量が製品よりはるかに大きい場合　→　輸送費など考え，
　　鉄鋼業・石油化学・製紙・窯業など　　　　　　原料産地に立地
　　　鉄鋼業：バーミンガム・エッセン・ドルトムント・ドニエツク・マグニト
　　　　　　　ゴルスク・アンシャン・ジャムシェドプール・ピッツバーグなど
　　　石油化学：ヒューストン・ロサンゼルスなど
　　　輸入原料の場合　→　臨海部に立地（交通立地）
　　　鉄鋼業：ダンケルク・川崎など　石油化学：ロッテルダム・四日市など

②原料がいたみやすい場合
　　　食品工業：ミネアポリス・シカゴなど
　　　製糸業（絹糸）：岡谷など　→　絹糸（生糸）の原料となる繭はすぐ熱処理して糸
　　　を取り出さないと蛾になってしまうため，繭産地（養蚕地帯）に立地。

(4) 市場立地（消費地立地）

①大市場（大消費地）＝大都市……ロンドン・パリ・ニューヨーク・東京など
　　衣服・食品（ビールなども）・日用品・化粧品・印刷・出版など
　　各種機械（工業用機械・事務機器・家庭電気製品・輸送機械など）
　　農業機械の大消費地＝大農業地帯→その中心都市に立地（シカゴなど）

②交通立地
　　臨海……輸入原料による鉄鋼業・石油化学・食品（製粉・製油）など
　　　五大湖沿岸の鉄鋼業（クリーブランド・ゲーリなど）も同様の性格をもつ

(5) 労働力立地

縫製・組み立てなどに多くの労働力を要する工業……繊維・電気電子製品
　→　安い労働力の得られる農村地域・発展途上国を指向

(6) 用水立地

水を原料として使用……醸造（日本酒・ビールなど）
製造工程で洗浄等に水を利用……製紙　　冷却に水を利用……鉄鋼

(7) 電力立地：生産に大量の電力を使用……アルミニウム

(8) エレクトロニクス（電子工業）と立地条件

大都市（ロンドン・パリなど）　　　　農村地域（臨空港）
　　　技術＝製品開発…………………＞部品製造　　九州の通称
　　　市場←製品製造＜―――部品―――空港　　シリコンアイランド
　　シリコンヴァレー（アメリカ合衆国）は開発・製造とも農村地域に立地した例

(9) 新興工業国の台頭

アジアNIEs：韓国・（台湾）・（ホンコン）・シンガポール
BRICs：ブラジル・ロシア・インド・中国

スピード・チェック　7　世界の鉱工業

1. (1　)～(7　)にあてはまる鉱産物を答えよ。[語群]から選べ。

工業原料や燃料としてたくさん使用されている鉱産物はどこで産出されるだろうか。産出量の多い国を示している(年によって変動があります。傾向としてとらえること)。

(1　)：中華人民共和国・オーストラリア・ブラジル・インド・ロシア。
(2　)：チリ・ペルー・アメリカ合衆国・インドネシア・中華人民共和国。
(3　)：中華人民共和国・アメリカ合衆国・インド・オーストラリア・南アフリカ共和国。
(4　)：ロシア・サウジアラビア・アメリカ合衆国・イラン・中華人民共和国。
(5　)：オーストラリア・中華人民共和国・ブラジル・インド・ギニア。
(6　)：中華人民共和国・インドネシア・ペルー・マレーシア・タイ。
(7　)：中華人民共和国・ロシア・日本・オーストラリア・カナダ。

[語群]　石炭　石油　鉄鉱　銅鉱　ニッケル　すず　ボーキサイト

2. (8　)～(11　)にあてはまる鉱産物を答えよ。[語群]から選べ。

北海・バクー・チュメニ・ターチン・メキシコ湾岸・マラカイボなどでは(8　)、ルール・ザール・ドネツ・クズネック・アパラチアなどでは(9　)、カラジャス・イタビラ・メサビ・マウントニューマン・ロレーヌなどでは(10　)、ビュート・ビンガム・チュキカマタ・マウントアイザなどでは(11　)といった鉱産物がたくさん産出される。

[語群]　石炭　石油　鉄鉱　銅鉱

3. (12　)～(14　)にあてはまる語句を答えよ。

アフリカの(12　)は「カッパーベルト」とよばれる産銅地帯がある。
ニッケル・クロム・タングステン・コバルト・バナジウム・チタン・マンガン・白金など、埋蔵量が少なく、偏在する金属を(13　)という。とくに(14　)はこれらの代表的な産出国である。

4. (15　)～(17　)にあてはまる語句を答えよ。[語群]から選べ。

産業革命期において、動力ははじめ(15　)で、川の急流部に工場が立地したが、動力に(16　)が使われるようになると、燃料である石炭の産出される地域に工場が立地するようになった。しかし、動力が(17　)にかわると、工場は動力にとらわれず、他のさまざまな要因によって立地するようになった。

[語群]　蒸気力　電力　水力

天然ガス

天然ガスは冷却して液化すると、体積が約600分の1になり、輸送に便利です。これが、「液化天然ガス(ＬＮＧ)」です。石油からでるプロパン・ブタンなどを液化したものは、「液化石油ガス(ＬＰＧ)」とよばれます。

7 世界の鉱工業 *31*

5. (18)〜(23)にあてはまる語句を答えよ。[語群]から選べ。
　どこに工場を建設するのが良いか，その立地条件は工業の種類によって異なる。原料の重さや量が製品よりはるかに大きい場合，輸送費などを考え，(18)となる。製品を消費者に速く供給したり，消費動向に敏感に対応する必要のある工業は(19)となる。また，原料や，製造工程における洗浄・冷却などに，とくに大量の水を必要とする工業は(20)となる。
　鉄鋼・製紙・石油化学などの工業は(21)，印刷・出版・ビール・機械などの工業は(22)，鉄鋼・製紙・ビールなどの工業は(23)である。
［語群］　原料立地　　用水立地　　市場立地（各2回ずつ使用）

6. (24)〜(26)にあてはまる工業を答えよ。[語群]から選べ。
　(24)は労働力立地の傾向が強く，都市部から農村部へ，先進国から発展途上国へと，賃金の安い地域へ産地が移動している。
　(25)は，もともと原料立地であるが，原料の海外依存が強まるにつれて，臨海部に立地するようになった。
　(26)は，製品の研究開発が重要なため，研究者・技術者の得やすい大都市部で，部品は労働力立地のため，臨空港などの農村部で生産される。
［語群］　鉄鋼業　　電子工業　　繊維工業

7. (27)〜(30)にあてはまる工業を答えよ。[語群]から選べ。
　バーミンガム・エッセン・マグニトゴルスク・アンシャン・ジャムシェドプール・ピッツバーグなどでは(27)，ヒューストン・ロサンゼルスなどでは(28)が発達している。これらは原料産地に工業が発達したものである。
　ロッテルダム・四日市などの(29)，ダンケルク・フォス・タラント・川崎などの(30)は原料の輸入に便利な臨海部に工業が発達したものである。
［語群］　鉄鋼業　　石油化学工業　（各2回ずつ使用）

8. (31)〜(34)にあてはまる地名を答えよ。[語群]から選べ。
　(31)は大農業地帯にあり，農業機械・食品などの工業が発達している。(32)・パリなどの大都市では，家庭電気製品・事務機器などの生産や電子工業がさかんである。
　アメリカ合衆国のサンノゼを中心とした地域は電子工業が発達し，(33)とよばれている。日本では電子工業の部品生産が九州で発達し，九州は(34)とよばれている。
［語群］　ロンドン　　シリコンヴァレー　　シリコンアイランド　　シカゴ

再生可能エネルギー
　太陽光・風力・地熱・水力・バイオマスなど
バイオマスエネルギー
　バイオマス（生物由来の資源）を発酵させて得られるエネルギーで，家畜などの糞尿から得られるメタンガス，サトウキビ・とうもろこしなどから得られるバイオエタノールがある。

8 林業・水産業・第三次産業

1 林業・水産業

 熱帯林・冷帯林（亜熱帯林）の分布，世界的漁場について，地図上で覚えること。特色ある樹木は地域を判断する手がかりとなる。

(1) 林業

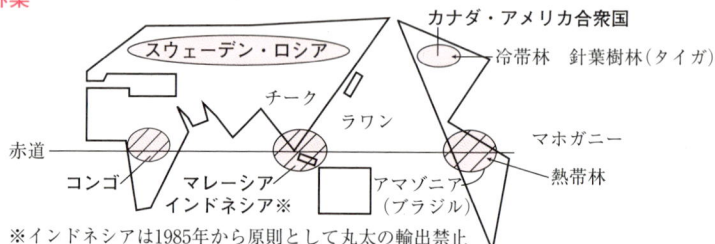

※インドネシアは1985年から原則として丸太の輸出禁止

マホガニー：家具，**チーク**：船材，**ラワン**：合板
熱帯林：巨木高木層・密林・樹種多く，開発困難→土木・伐採技術進歩→道路開発
　　　　　農地開発・用材伐採→熱帯林破壊→地球温暖化・土壌侵食・生態系破壊

☆日本の木材輸入（かつて世界1位⇨近年減少：とくに南洋材）

　北洋材（冷帯材）……製材用・パルプ用　**南洋材**（熱帯材）……合板用
　南洋材輸入減少の要因：木材原産国における加工の増大
　日本のラワン材輸入：1980年の1726万㎥→98年には373万㎥

(2) 水産業

①世界の主要漁場

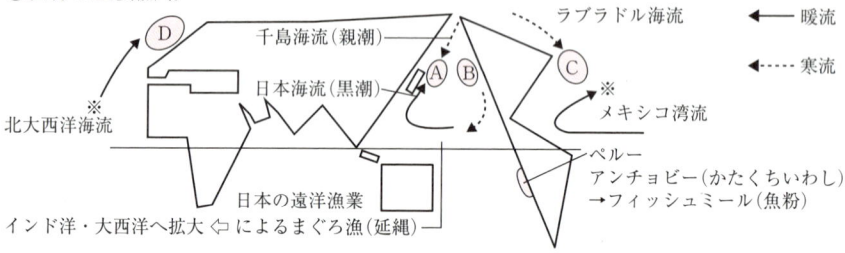

A **太平洋北西部漁場**…日本・ロシア・大韓民国・中華人民共和国など
　潮目（**日本海流・千島海流**），**大陸棚**（オホーツク海・東シナ海）
　寒流：さけ・ます・すけとうだら・かに／暖流：いわし・さば・かつお・まぐろ

B **太平洋北東部漁場**…カナダ・アメリカ合衆国
　さけ・ます・にしん・たら・かに

C **大西洋北西部漁場**…カナダ・アメリカ合衆国
　潮目（メキシコ湾流）・**大陸棚・バンク**（グランドバンク），たら・にしん・さけ

D **大西洋北東部漁場**…イギリス・ノルウェーなど北海沿岸国
　大陸棚・バンク（ドッガーバンク）…にしん・たら
　　ドッガーバンクは「トロール」（オランダ語）の語源

②おもな漁法

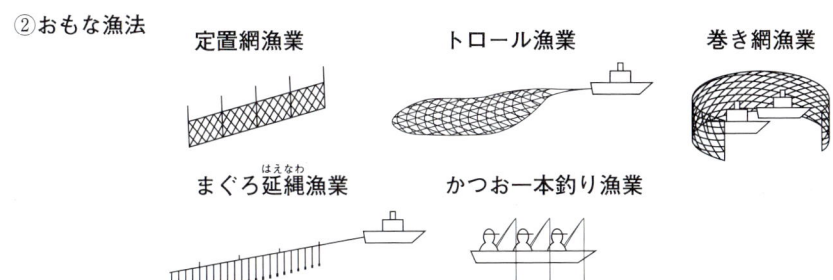

2　第三次産業

 説明を読みながら，生活実感から理解するようにつとめること。

(1) **第三次産業**
　①先進国では就業人口に占める第三次産業(商業，運輸・通信業，サービス業など)の人口割合多い。
　②郊外型店舗の増大

```
市街地　　　　──────幹線道路──────→　　郊外
中心商店街　→衰退　　　　広大な駐車場もつロードサイドショップ
　小規模小売店(在来)　　　(スーパーマーケット・ショッピングセンター・
　大規模小売店　　△　　　ファミリーレストランなど)　△
　専門店　　　　△　　　→アメリカ合衆国で発達
地元商店街　→衰退　　　　日本でも増加
　小規模小売店(在来)　△　　　　　△：コンビニエンスストア　→増加
```

(2) **観光**
　①**余暇の利用**
　　フランスのバカンス……富裕層の余暇行動が大衆化
　　1936年　バカンス法　→　有給休暇制度化(年15日→現在年5週間)
　　1981年　自由時間省(余暇省)
　　日本……余暇日数少なく，旅行も短期間の周遊型(旅行費用高い)
　②**リゾート**(長期滞在型の行楽地・保養地)
　　地中海沿岸
　　　コートダジュール(イタリア領の地域：リビエラ)：カンヌ・ニース
　　　ラングドック=ルシオン地方(フランス)
　③**避暑地**……夏の暑さを避けて，高原など涼しいところですごす。
　　サンモリッツ(スイス)・ダージリン(インド)・バンドン(インドネシア)・
　　軽井沢(長野県)など
　④**グリーンツーリズム**……農山漁村地域で自然・文化・交流などを楽しむ滞在型観光。
　⑤**エコツーリズム**……自然環境をそこなわず，環境への理解を深める観光。
　⑥**世界遺産**……ユネスコで登録。文化遺産・自然遺産・複合遺産。

スピード・チェック　8　林業・水産業・第三次産業

1. (¹　)～(⁵　)にあてはまる主な木材生産国名を答えよ。(地図の番号と一致)

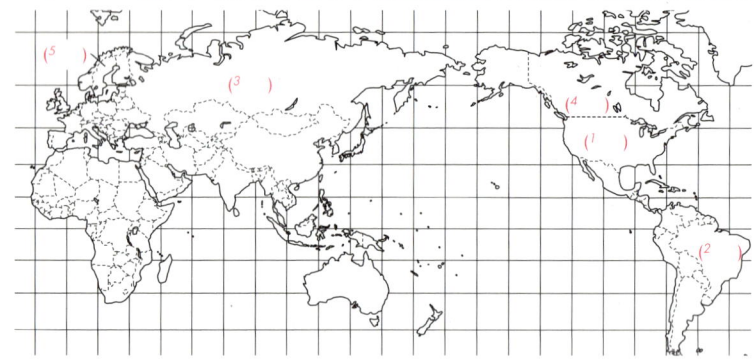

木材生産の多い国：(¹　　)・インド・中国・(²　　)・(³　　)・(⁴　　)・(⁵　　)
木材輸出が多い国：(³　　)・(⁴　　)・(¹　　)・(⁵　　)・ニュージーランド

2. (⁶　)～(¹⁰　)にあてはまる語句を答えよ。

　赤道地域には多くの熱帯林がみられる。ブラジルの(⁶　　)川流域(アマゾニア)はその代表である。(⁷　　)も熱帯林が多い国であるが，1985年から原則として丸太の輸出を禁止している。
　カリブ海沿岸地域が主産地の硬木で，家具材として使用される樹木は(⁸　　)，タイ・インドネシアなど東南アジアで多く産出され，虫害や鉄による腐食を防ぐ油分を含むため，船材などに利用される樹木は(⁹　　)，フィリピン・インドネシアなど東南アジアで多く産出され，比較的やわらかいため，合板用に使われる樹木は(¹⁰　　)である。

3. (¹¹　)～(¹³　)の説明文が正しければ○，誤まりがあれば×で答えよ。
(¹¹　)熱帯林破壊の要因は，用材伐採の他，道路開発・農地開発によるところが大きい。
(¹²　)国土の3分の2が森林である日本は，木材の輸出が多い。
(¹³　)日本の南洋材輸入量が急減しているのは，インドネシアなどが，自国の工業化を進めるため，合板に加工したり，さらに木工製品に加工したりして輸出するようになったためである。

4. (¹⁴　)～(¹⁸　)にあてはまる漁法を答えよ。
　(¹⁴　)は魚群の通路に網を固定して漁獲する方法で，沿岸漁業では重要な漁法である。魚群を網で包囲し，しだいに網をしぼって漁獲する漁法を(¹⁵　　)，船で袋状の網を引いて海底の魚類を漁獲するのが(¹⁶　　)である。まぐろは長いロープに釣り糸をたくさんつけて船で引く(¹⁷　　)で，かつおは(¹⁸　　)で漁獲されている。

8 　林業・水産業・第三次産業　35

5. ①・②の問いに答えよ。
［おもな水域別の漁獲量］(2009年)

(19　)	22.8%	暖流の日本海流・寒流の千島海流の潮目がある
太平洋南東部	12.8%	(22　)はフィッシュミールになる
(20　)	9.5%	北海には(23　)などがある
(21　)	2.3%	ラブラドル海流と(24　)の潮目

① (19　)～(21　)にあてはまる水域を答えよ。［語群］から選べ。
　［語群］　大西洋北東部　大西洋北西部　太平洋北西部
② (22　)～(24　)にあてはまる語句を答えよ。［語群］から選べ。
　［語群］　アンチョビー　ドッガーバンク　メキシコ湾流

6. (25　)～(28　)にあてはまる語句を答えよ。［語群］から選べ。

　A市は人口30万人の県庁所在都市である。A駅の前はアーケード街となっており，この都市の(25　)を形成している。アーケード街には，創業以来何十年も経つ小売店などが並び，そのような中に8階建ての(26　)もある。しかしこのアーケード街も以前にくらべるとずいぶん人通りが減ったという。A市の郊外，国道沿いには大手スーパーを中核としたショッピングセンターがあり，広い(27　)は自動車で混雑している。向かい側に建設中の大規模なショッピングセンターには，アメリカ合衆国から進出した企業が中核の店舗として入ることになっている。駅前のアーケード街にも，地元の小さな商店街にも，国道沿いにも数を増してきたのが(28　)である。ここでは深夜でも客をみかける。
［語群］　デパート　コンビニエンスストア　中心商店街　駐車場

7. (29　)～(35　)の文が正しければ○，誤まりがあれば×で答えよ。
(29　)商業，運輸・通信業，サービス業などは第三次産業に含まれる。
(30　)世界各国の産業別人口構成の地図を見てみると，ナイジェリア，エチオピア，タイでは，第三次産業人口の割合が他の産業より多かった。
(31　)左辺に第一次産業，右辺に第二次産業，底辺に第三次産業の，それぞれの割合を目盛りで表わした「日本の産業別人口構成」の三角グラフを見てみると，1920年，1960年，2000年と経過するなかで，第一次産業人口割合が減少し，第三次産業人口割合が増加していることがわかった。
(32　)日本も余暇を利用した旅行は，フランスなどと同じく，旅行日数が長く，一日あたりの旅行費用は少ない。
(33　)フランスの有名なリゾート地であるカンヌ・ニースはともに地中海沿岸にある。
(34　)近年，グリーンツーリズムやエコツーリズムが脚光を浴びているが，農山漁村地域で自然・文化・交流などを楽しむ滞在型観光をグリーンツーリズムという。
(35　)1972年にユネスコ総会で「世界遺産条約」が可決され，登録が進められている。日本でも，屋久島，白神山地，知床などが世界自然遺産に，古都京都の文化財，白川郷・五箇山の合掌造り集落，平泉，原爆ドームなどが世界文化遺産に登録されている。

9 交通・通信

1 交通

ポイントはこれだ☆ 説明を読みながら，生活実感から理解するようにつとめること。スエズ運河・パナマ運河は世界地図で位置がわかるように。

(1) 交通手段の特色

	船舶	鉄道・自動車	航空機
速度			→ 高速
輸送量	大量	←	
輸送単価	安	←	→ 高

> **ハブ空港**
> 国内・地域内の航空路と，国際的航空路を結びつける中継基地としての性格をもつ空港。乗り継ぎ，積み替えの利便性を高め，地方と世界を結びつけることができる。(例)ロンドン・シカゴ・シンガポール・ホンコン・インチョン(韓国)・ドバイ(アラブ首長国連邦)などの国際空港。

(2) 高速化(所要時間の短縮)
　①運行速度の向上(海上交通・陸上交通)
　　船舶：高速船　　鉄道：高速鉄道(新幹線・**TGV**・**ICE**など)
　　自動車：高速道路——フリーウェー(アメリカ合衆国)・**アウトバーン**(ドイツ)など
　②積み替えの合理化
　　機械化……クレーンの使用　コンテナ化……中の荷物の積み替え不要
　　直通化……フェリー・海底トンネル(**ユーロトンネル**・青函トンネルなど)
　　　　　　　海上連絡橋(瀬戸大橋・明石海峡大橋など)
　③交通路の短縮
　　運河の建設……**スエズ運河・パナマ運河**など　　トンネルの建設
　　航空機は地形の影響を受けにくく，目的地を比較的最短で結ぶことができる

2 通信

ポイントはこれだ☆ 近年，通信手段の発達はいちじるしく，新しい用語が続出。しかし身近なものが多いので，日常生活において関心をもっていくことが重要。

(1) 通信手段の特色
　　パーソナルコミュニケーション ←　　　　　→ マスコミュニケーション
　　郵便・電話・ファックスなど　　コンピュータ通信　　新聞・ラジオ・テレビなど

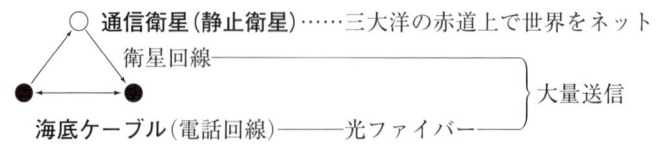

(2) 通信の国際化・大量化
　　通信衛星(静止衛星)……三大洋の赤道上で世界をネット
　　衛星回線　　　　　　　　　　　　　　　　　　　｝大量送信
　　海底ケーブル(電話回線)——光ファイバー

(3) コンピュータネットワーク　　　☆**インターネット**
　　コンピュータどうしを回線で接続　　(インターコンピュータネットワーク)
　　　電子メール(Eメール)　　　　　　世界各地のコンピュータネットワークを
　　　オンラインシステム：銀行・郵便局　一つに結合。世界中のコンピュータネッ
　　　POSシステム(販売時点情報管理システム)：商店　トワークを相互に利用可能に

9　交通・通信　37

付　時差・経緯度の計算

1　時差の計算

ポイントはこれだ☆　時差・時刻の計算には，[計算例]にあるような図を描くと計算しやすく，間違いをなくすことができる。時刻は24時間制を使用。

①地球は1回転(360度回転)するのに24時間(1日)かかる
②したがって，**1時間に15度**回転する(360÷24)
③太陽が真南に来た時刻が「正午」(12時)
④したがって，地球上すべて時刻が違うが，基本的に経度15度毎にその国・地域の標準時とする
⑤世界標準時は**経度0度**(ロンドンのグリニッジ天文台)
⑥日本の標準時は15で割りきれる「**東経135度**」(兵庫県明石市)が標準経度

[計算例]　ニューヨーク(西経75度)・世界標準時(0度)・日本(135度)の場合

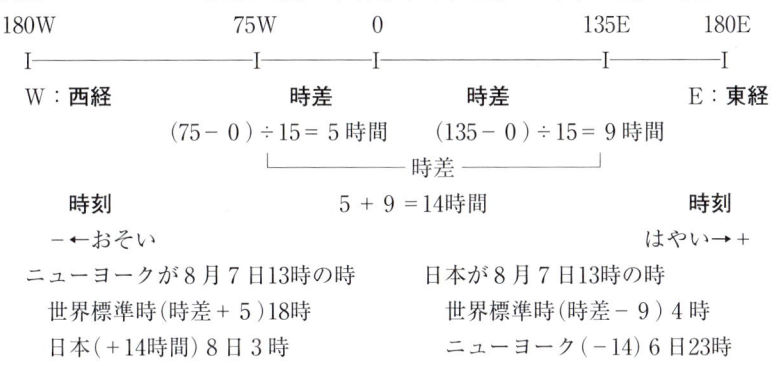

```
180W           75W            0            135E           180E
 I—————————————I—————————————I—————————————I—————————————I
W：西経                 時差          時差              E：東経
            (75－0)÷15＝5時間   (135－0)÷15＝9時間
                        └———————時差———————┘

     時刻              5＋9＝14時間              時刻
      －←おそい                                 はやい→＋
```

　　ニューヨークが8月7日13時の時　　　日本が8月7日13時の時
　　世界標準時(時差＋5)18時　　　　　世界標準時(時差－9)4時
　　日本(＋14時間)8日3時　　　　　　ニューヨーク(－14)6日23時

2　経緯度の計算

ポイントはこれだ☆　経線に沿って地球一周は約4万km。緯線に沿っての地球一周は緯度によって異なる。

①同一経線上では二点間の距離は緯度の差から求めることができる
　　同一経線上で緯度1度ちがう毎に　　4万×$\frac{1}{360}$　約111kmの距離
②緯線に沿って地球一周する場合の一周の距離の求め方
　　赤道面では約4万km(1度につき約111km)であるが，緯度により異なる

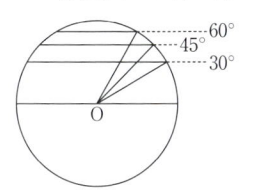

　　緯度30度の時…4万×$\cos 30°＝2\sqrt{3}$ 万km
　　$\sqrt{3}＝1.7$として　1周約3.4万km(1度約94km)
　　緯度45度の時…4万×$\cos 45°＝2\sqrt{2}$ 万km
　　$\sqrt{2}＝1.4$として　1周約2.8万km(1度約78km)
　　緯度60度の時…4万×$\cos 60°＝2$ 万km
　　　　　　　　　　　1周約2万km(1度約56km)

9 交通・通信

1. (1   )〜(10   )にあてはまる語句を答えよ。（統計参照）

　交通手段は所要時間の短縮と大量輸送をめざして発達してきた。
　船舶は速度で他に劣るが，大量輸送の面では優れている。船舶の最大保有国は(1   )で，ついで(2   )が多い。航空機は速度で他より優れている。航空輸送は(3   )が圧倒的に他の国を引き離している。鉄道では，日本の新幹線，フランスの(4   )，ドイツのICEなどの高速鉄道がつくられ，自動車においてはアメリカ合衆国のフリーウェー，ドイツの(5   )，イギリスのモーターウェー，フランスのオートルートなどの高速道路がつくられてきた。鉄道輸送はインドで，旅客・貨物とも多いが，(6   )は旅客が多く，中華人民共和国・アメリカ合衆国・(7   )などでは貨物輸送が多い。
　スエズ運河は大西洋とインド洋，(8   )は太平洋と大西洋を結ぶ船舶輸送の距離を大幅に短縮したし，ドーヴァー海峡下に建設された(9   )，津軽海峡下に建設された青函トンネルなどの海底トンネルや，瀬戸内海につくられた各海上連絡橋などは鉄道・自動車の直通化を実現して，所要時間を大幅に短縮した。
　自動車の保有台数はアメリカ合衆国が世界(10   )位である。

[2013年] 船舶保有量(千総t)
パナマ	356,349
リベリア	205,225
マーシャル諸島	152,355
（ホンコン）	138,201

（商船の保有量，船籍ベース）

[2011年] 鉄道　旅客(億人km)　貨物(億t km)
インド	10,465	6,690
中華人民共和国	9,612	29,465
日本	3,909	199
アメリカ合衆国	105	25,193
ロシア	1,397	21,278

[2013年] 航空便数(千便)
アメリカ合衆国	9,734
中華人民共和国	3,073
カナダ	1,263
イギリス	1,040
ブラジル	958
ドイツ	928
日本	915

[2010年] 自動車保有台数(万台)
アメリカ合衆国	23,981
中華人民共和国	7,802
日本	7,536
ドイツ	4,526
イタリア	4,165
ロシア	4,123
フランス	3,774

2. (11   )〜(16   )の説明文が正しければ○，誤まりがあれば×で答えよ。

(11   )海底通信ケーブルや通信衛星の利用で，大量・高速の国際通信が可能となった。
(12   )通信衛星の他，気象衛星や資源探査衛星も，地球上からの位置が変化しない静止衛星である。
(13   )通信回線は光ファイバーの使用によって，きわめて大量の情報を高速で送受信できるようになった。
(14   )ファクシミリ（ファックス）や電子メールはともに端末においてパーソナルコンピュータ（パソコン）を利用している。

9　交通・通信　39

(15 　) オンラインシステム・POSシステムはともにコンピュータを利用した情報処理システムである。
(16 　) フェリーの利用，コンテナの利用，海底トンネルや海上橋の開通によって，陸上交通と水上交通の積み替え時間は省略あるいは短縮されるようになった。

3. (17 　)〜(20 　)の問いに答えよ。
　　※日本(東経135度)ニューヨーク(西経75度)
(17 　) 日本が1月14日午前8時10分の時，ニューヨークの時刻を求めよ。　図1
(18 　) ニューヨークが1月14日午前8時10分の時，日本の時刻を求めよ。
(19 　) 国土が広いアメリカ合衆国では，複数の標準時間帯が設けられている。図1を参考にして，地点Xが12時のときの，地点Yの地方標準時として正しいものを，次の①〜⑥のうちから一つ選べ。(96年センター追試，第7問−問1)

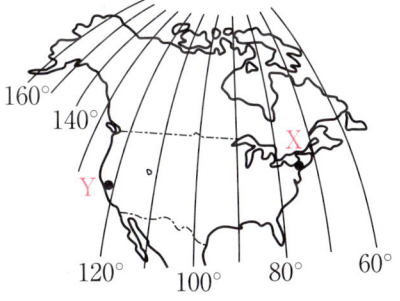

　　①9時　②10時　③11時　④13時　⑤14時　⑥15時

4. (20 　)〜(22 　)の説明文が正しければ○，誤まりがあれば×で答えよ。
　　(統計参照)
(20 　) 中華人民共和国はインターネット・携帯電話とも世界でもっとも普及した国である。
(21 　) 世界の国ぐにの中で人口が2番目に多いのはインドであるが，インターネット利用者数が2番目に多いのはアメリカ合衆国である。
(22 　) 日本におけるインターネット利用者は，まだ総人口の半分程度にとどまっている。

〔インターネット利用者数(2009年)〕　　　　〔携帯電話契約者数(2012年)〕
1位　中華人民共和国　3億8400万人(102位)　　1位　中華人民共和国　11億人(139位)
2位　アメリカ合衆国　2億3989万人(27位)　　2位　インド　　　　　8.6億人(154位)
3位　日本　　　　　　9914万人(32位)　　　　3位　アメリカ合衆国　3,1億人(112位)
　（　）内はインターネット普及率世界順位　　　　（　）内は携帯電話普及率世界順位

5. *(23 　)〜(25 　)の鉄道の名称を答えよ。[語群]から選べ。
　　世界の中には大陸を横断する長い鉄道がある。(23 　)はアクトガイ―ドルジバ―ウルムチ―ランチョウを結ぶ。(24 　)はモスクワからチェリヤビンスク―ハバロフスク―ウラジオストックを結ぶ世界最長の鉄道。(25 　)はサンフランシスコからオークランド―デンヴァー―オマハを結ぶ世界最初の大陸横断鉄道である。
　[語群]　シベリア鉄道　ユニオンパシフィック鉄道　ランシン鉄道

10 貿易

1 産業革命による貿易の変化

ポイントはこれだ☆ 19世紀末までに産業革命をなしとげ，工業が発達したのはどの国々か。どんなものが輸出入されるか，理解しておくこと。

(1) **貿易**
　　外国との商品売買。（A国からの輸出は，相手国B国にとっては輸入になる。）

(2) **産業革命によって，工業生産は急増**
　　⇒工業原料の輸入と，工業製品の輸出が急増した。
　　工業の発展にともなって，都市人口が急増し，全般的には生活水準が向上した。
　　⇒食料・嗜好品の輸入が増加した。

(3) **産業革命は18世紀後半，イギリスに始まった**
　　19世紀にはいって，フランス・アメリカ合衆国，少し遅れてドイツ，さらに19世紀後半から末にかけてロシア・イタリア・日本で始まった。これらの国々は今日，先進国（先進工業国）になっている。

2 貿易の基本構造

ポイントはこれだ☆ 先進国間の貿易，先進国・発展途上国間の貿易の特色（とくに，貿易品目と貿易額の傾向）をしっかり把握しておくこと。

(1) **先進国間の貿易（水平貿易）**
　　先進国：**アメリカ合衆国・ヨーロッパ諸国（EU諸国）・日本**
　　　　　19世紀末頃までに産業革命を成しとげた国々。
　　貿易品目：**工業製品**が大半を占める。
　　貿易額の傾向：アメリカ合衆国⇔ヨーロッパ諸国が多く，日本⇔ヨーロッパ諸国が比較的少ない。
　　　　　　　　日本はアメリカ合衆国に対して輸出超過（⇒**日米貿易摩擦**）
　　※　白人移民によってつくられた国の中には，生活水準は高いが，**一次産品**（農鉱産物など）の輸出割合の高い国がある。
　　　　　　　　　　　　　　特色ある輸出品
　　アメリカ合衆国：（工業製品）航空機・コンピュータなど
　　　　　　　　　（一次産品）小麦・大豆・とうもろこし・肉類など
　　カナダ：（一次産品）小麦・木材・鉄鉱石など
　　オーストラリア：（一次産品）羊毛・小麦・肉類，鉄鉱石・石炭など

(2) **先進国・発展途上国間の貿易（垂直貿易）**
　　発展途上国：**アジア（日本除く）・アフリカ・ラテンアメリカ（AALA諸国）**
　　　　　　　ヨーロッパ諸国の植民地支配を受け，経済発展が遅れた地域。
　　貿易品目：発展途上国→先進国は**工業原料**（農産物・鉱産物）・**食料・嗜好品**。
　　　　　　先進国→発展途上国は**工業製品**。
　　貿易額の傾向：発展途上国は先進国との貿易割合が多い。

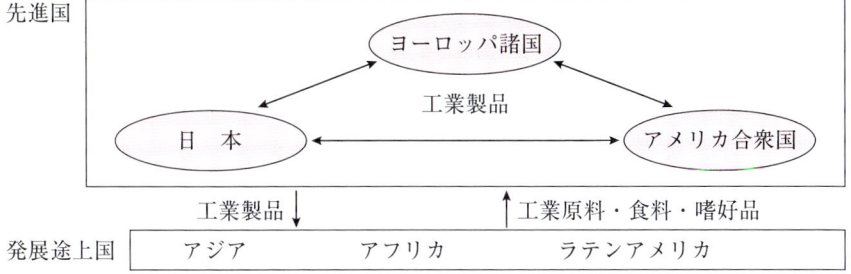

```
先進国     ┌─────────────────────────────────────────┐
           │              ヨーロッパ諸国               │
           │           ↗              ↘              │
           │         工業製品                         │
           │     日　本  ←――――→  アメリカ合衆国        │
           └─────────↓――――――――――↑――――――――――――――――――┘
                  工業製品      工業原料・食料・嗜好品
発展途上国 ┌─────────────────────────────────────────┐
           │    アジア    アフリカ    ラテンアメリカ    │
           └─────────────────────────────────────────┘
```

(3) 日本の貿易

日本は輸出超過(2011年以降，輸入超過傾向)

輸出相手国(輸出額上位)

　1位：アメリカ合衆国　2位：中華人民共和国　3位：大韓民国　4位：(台湾)

輸入相手国(輸入額上位)

　1位：中華人民共和国　2位：アメリカ合衆国

　3位～5位：オーストラリア・サウジアラビア・アラブ首長国連邦(年によって変動)

3　発展途上国の輸出

ポイントはこれだ☆ 発展途上国の輸出に関しては，輸出品や輸出相手国から，どこの国かわかるようにしておくこと。

(1) 特色

ごく少種類の輸出品が，その国の輸出割合の多くを占める。(モノカルチャー経済)

輸出相手国：アジアではアメリカ合衆国・日本，アフリカではヨーロッパ諸国(とくに旧植民地本国＝旧宗主国)，ラテンアメリカではアメリカ合衆国の割合が多い。

(2) 農林水産物

プランテーション農業

　　アフリカ：カカオ・コーヒー・茶　　ラテンアメリカ：コーヒー・バナナ・砂糖
　　アジア：茶・綿花・油やし(パーム油)・天然ゴム・ジュート・バナナ(フィリピン)

企業的穀物農業・企業的放牧業

　　オーストラリア・ニュージーランド・アルゼンチン：小麦・羊毛・牛肉

水産業：インドネシア(えび)・ペルー(フィッシュミール)

(3) 鉱産物

サウジアラビア・クウェート・アラブ首長国連邦・イラン・インドネシア・ベネズエラ＝ボリバル：石油，ザンビア・チリ：銅鉱，ブラジル：鉄鉱石

(4) 工業製品の輸出増大

NIEs(新興工業経済地域)を中心に，工業製品の輸出が増大してきた。

　　工業製品の輸出割合が70％以上のおもな国

　　　　大韓民国・(台湾)・(ホンコン)・シンガポール・メキシコ―――NIEs
　　　　中華人民共和国・マレーシア・タイ・パキスタン・バングラデシュ
　　　※　ブラジルは工業製品の輸出割合が50％前後であるが，自動車・鉄鋼など輸出。

スピード・チェック 10 貿易

1. (^{1}　)〜(^{28}　)にあてはまる国名を答えよ。A〜Gそれぞれの[語群]から選べ。

輸出額上位1〜5位の品目(2009年)

A (^{1}　)電気機械・一般機械・自動車・精密機械・化学薬品
(^{2}　)一般機械・自動車・電気機械・医薬品・精密機械
(^{3}　)電気機械・船舶・自動車・精密機械・一般機械
(^{4}　)電気機械・自動車・石油・一般機械・精密機械

[語群]　ドイツ　メキシコ　アメリカ合衆国　大韓民国

B (^{5}　)電気機械・自動車・一般機械・鉄鋼・精密機械
(^{6}　)一般機械・電気機械・自動車・航空機・医薬品
(^{7}　)石炭・鉄鉱石・金・非鉄金属・天然ガス
(^{8}　)石油・自動車・一般機械・電気機械・天然ガス

[語群]　オーストラリア　日本　フランス　カナダ

C (^{9}　)一般機械・電気機械・医薬品・自動車・石油
(^{10}　)一般機械・医薬品・電気機械・肉類・石油
(^{11}　)自動車・一般機械・電気機械・野菜と果実・石油製品
(^{12}　)石油・天然ガス・一般機械・魚介類・石油製品

[語群]　スペイン　ノルウェー　イギリス　デンマーク

D (^{13}　)金・カカオ豆・製材・ベニヤ板・カシューナッツ
(^{14}　)石炭・パーム油・電気機械・石油・液化天然ガス
(^{15}　)茶・切り花・野菜と果実・コーヒー豆・衣類
(^{16}　)石油・石油製品・プラスチック・化学薬品・液化石油ガス

[語群]　サウジアラビア　ガーナ　ケニア　インドネシア

E (^{17}　)コーヒー豆・ごま・野菜・切り花・金
(^{18}　)カカオ豆・石油製品・石油・天然ゴム・船舶
(^{19}　)電気機械・パーム油・石油・石油製品・一般機械
(^{20}　)電気機械・自動車・一般機械・石油製品・魚介類

[語群]　マレーシア　コートジボアール　エチオピア　タイ

F (^{21}　)銅・コバルト・砂糖類・葉タバコ
(^{22}　)プラチナ・鉄鋼・自動車・石炭・一般機械
(^{23}　)酪製品・肉類・野菜と果実・木材・石油
(^{24}　)石油

[語群]　ナイジェリア　南アフリカ共和国　ザンビア　ニュージーランド

G (^{25}　)石油・バナナ・魚介類・石油製品・切り花
(^{26}　)アルミナ・石油製品・化学薬品・ボーキサイト・粗糖
(^{27}　)銅地金・銅鉱・果実・魚介類・パルプと古紙
(^{28}　)石油・石炭・石油製品・金・コーヒー豆

[語群]　エクアドル　コロンビア　チリ　ジャマイカ

10 貿易

2. (29　)～(34　)にあてはまる国・地域を答えよ。[語群]から選べ。

アメリカ合衆国の輸出・輸入額(2009年，億ドル)

	輸出	輸入	[語群]
(29　)	936	1,159	ＥＵ諸国
(30　)	2,331	2,854	日本
(31　)	512	984	アジアＮＩＥｓ

日本の輸出・輸入額(2013年，100億円)

	輸出	輸入	[語群]
(32　)	1,263	1,765	ＥＵ諸国
(33　)	700	765	アメリカ合衆国
(34　)	1,293	681	中華人民共和国

注) アジアNIEsは大韓民国・台湾・ホンコン・シンガポール

3. (35　)～(54　)にあてはまる国名を答えよ。A～Eそれぞれの[語群]から選べ。

日本の輸入品目別輸入相手国上位1～3位(2010年)

A (35　) ベトナム・インドネシア・タイ
　(36　) アメリカ合衆国・フランス・カナダ
　(37　) オーストラリア・アメリカ合衆国・ニュージーランド
　(38　) オーストラリア・ブラジル・南アフリカ共和国
　　[語群]　牛肉　えび　鉄鉱　航空機

B (39　) 中華人民共和国・ベトナム・イタリア
　(40　) チリ・インドネシア・ペルー
　(41　) ブラジル・コロンビア・グアテマラ
　(42　) アメリカ合衆国・カナダ・オーストラリア
　　[語群]　コーヒー　小麦　銅鉱　衣類

C (43　) アメリカ合衆国・アルゼンチン・ブラジル
　(44　) サウジアラビア・アラブ首長国連邦・カタール
　(45　) オーストラリア・台湾・中華人民共和国
　(46　) オーストラリア・ロシア・中華人民共和国
　　[語群]　とうもろこし　羊毛　石油　アルミニウム

D (47　) オーストラリア・インドネシア・カナダ
　(48　) カナダ・アメリカ合衆国・ロシア
　(49　) インド・ベルギー・イスラエル
　(50　) アメリカ合衆国・カナダ・ブラジル
　　[語群]　大豆　ダイヤモンド　木材　石炭

E (51　) マレーシア・オーストラリア・インドネシア
　(52　) ドイツ・イギリス・南アフリカ共和国
　(53　) 大韓民国・中華人民共和国・台湾
　(54　) 中華人民共和国・大韓民国・マレーシア
　　[語群]　液化天然ガス　鉄鋼　カラーテレビ　自動車

11 人口・村落・都市

1 人口

ポイントはこれだ☆ 多産多死から多産少死・少産少死への過程と要因，人口ピラミッドの形態との関連を理解すること。1999年，世界人口60億人を突破。

(1) 地域別人口変遷

(億人)	1800年	1900年	1950年	1990年
アジア	6.02	9.37	13.77※▲	31.13※
ヨーロッパ	1.87△	4.01	3.93※	4.98※
アフリカ	0.90	1.20	2.22▲	6.42
北アメリカ	0.16◇	1.06◇	2.20	4.28
南アメリカ	0.09	0.36	1.12	2.97
オセアニア	0.02	0.06	0.13	0.27
世界計	9.06	16.08	25.16	52.92

(中央アメリカは北アメリカに含む)　※アジア・ヨーロッパの人口に旧ソ連含まず　(世界計には旧ソ連含む)

[人口急増]
△産業革命期
▲第二次世界大戦後
◇ヨーロッパなどからの移民
[自然増]　出生と死亡の差
[社会増]　転出と転入の差

(2) 人口ピラミッド

多産多死 ── 多産少死 ─────────────→ 少産少死

死亡率低下（衛生・栄養状態改善）
人口急増＝**人口爆発**
アジア・アフリカ・中南米アメリカなど → 産児制限の必要性
（中国「一人っ子政策」，インド「子供は二人でおしまい」）

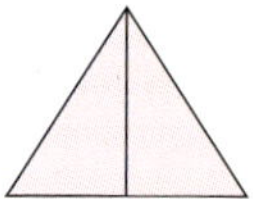

ピラミッド型

出生率低下（就学期間長期化・産児制限意識）

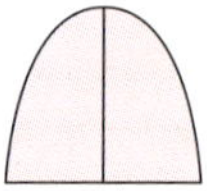

つりがね型　つぼ型
欧米諸国・日本など先進諸国
　→高齢化問題

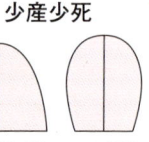

2 村落と都市

ポイントはこれだ☆ 形態・機能と関連づけて用語を覚える。都市問題は生活実感から理解するようにつとめること。

(1) **村落**：第1次産業(農林水産業)の人口割合が多い

①**村落形態による区分**
　集村：家屋が一カ所に密集（塊村・円村・路村など）
　散村：家屋が分散（日本の代表的散村：砺波平野，大井川扇状地）

②**歴史を示す村落（日本）**
　条里集落[奈良時代]：碁盤目状の条里制地割にもとづく村落。奈良盆地に多い
　環濠集落[中世]：防御のため，濠(ほり)をめぐらした集落。奈良盆地にみられる
　新田集落[江戸時代]：乏水地（洪積台地・扇状地・火山山麓）・低湿地。○○新田
　屯田兵村[明治]：アメリカ合衆国のタウンシップ制参考。碁盤目状地割。北海道

(2) **都市**：第2・3次産業（鉱工業・商業・サービス業など）の人口割合が多い

人口が集中（人口密度が高い）
都市：「政治権力の中心」（都：みやこ）と「物資の集散地」（市：いち）の性格

11 人口・村落・都市

①**国際的な宗教の聖地**：エルサレム(ユダヤ・キリスト・イスラム教)
　メッカ(イスラム教)・ヴァラナシ(ヒンドゥー・仏・ジャイナ教)　→ 宗教都市
②**中世以降**：農村地域にも第2・3次産業人口割合の高い地区(まち)が発達。
　城下町(地方政治の中心，物資の集散地，手工業)・市場町・宿場町・門前町など
③**産業革命以降**：さまざまな機能をもった都市が発達。
　工業都市：工業の発達にともない都市として成立。── マンチェスター・
　　　　　　リーズ・バーミンガム・デトロイト・八幡(北九州)など
　商業都市：商業機能の高い都市。── ニューヨーク・大阪など
　住宅都市：都市周辺に住宅を中心に発達した都市。── 所沢・豊中など
　学園都市：大学・研究所を中心に発達した都市。── ケンブリッジ・オックスフォード・プリンストン・つくばなど
　観光都市：余暇利用の普及にともない，観光産業中心に発達した都市。
④**都市の構造**

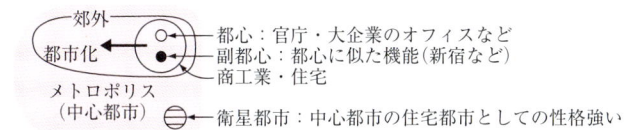

　郊外／都市化／メトロポリス(中心都市)
　都心：官庁・大企業のオフィスなど
　副都心：都心に似た機能(新宿など)
　商工業・住宅
　衛星都市：中心都市の住宅都市としての性格強い

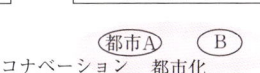

メトロポリタンエリア(大都市圏)	コナベーション(連接都市)	メガロポリス(巨帯都市)
	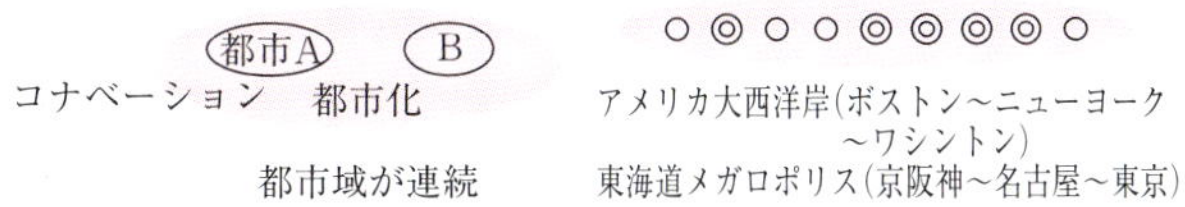 都市A　B　コナベーション　都市化　都市域が連続	○○○○○○○○○○ アメリカ大西洋岸(ボストン～ニューヨーク～ワシントン) 東海道メガロポリス(京阪神～名古屋～東京)

⑤**都市問題**
　都市への人口集中 → 過密 → 都市問題の発生
　　社会施設(住宅・上下水道・道路・交通機関・ゴミ処理場・学校など)の不足
　　公害(大気汚染・騒音・日照不良など)・スラムの形成
　　　現在，発展途上国の大都市(メキシコシティ・サンパウロ・コルカタ・バンコク・ジャカルタなど)が大きな問題をかかえる
　都市域の拡大 → 都市問題発生地域の拡大(無秩序な拡大：スプロール現象)
　　　都心　　　多：昼間人口　←── 朝　　周辺部
　　(オフィス・商業地区)　夕 ──→　夜間人口：多　(住宅地区)
　　　人口減少　　　通勤ラッシュ　　人口増加＝ドーナツ化現象
　　　インナーシティ問題(先進国の大都市で大きな問題をかかえる) → 再開発
⑥**都市問題の解決**
　ロンドンの事例　　　　　　　　　　→ **日本**でも取り入れられた
　　ハワーズの「**田園都市構想**」(1898年)　→ 田園調布・国立など
　　「**ニュータウン法**」(1946年)　　　　→ 千里・泉北・多摩など
　　イーストエンドなど都心部の**再開発**　→ 新宿・池袋などの再開発

スピード・チェック　11　人口・村落・都市

1. (¹   )～(¹⁰   )にあてはまる語句を答えよ。[語群]から選べ。

　世界の人口は1750年の約7億人(推定)から、今日70億人をこえるまでに急速に増加している。人口の急増はまず産業革命の起こった(¹   )から始まった。しかし、第二次世界大戦後の(²   )・アフリカ・中南アメリカの人口増加はいちじるしく、「(³   )」とよばれている。

　長い間、出生率も死亡率も高い(⁴   )の状態が続いたため、世界の人口は急激な増加を示さなかったが、産業革命以後、衛生・栄養状態などが改善され、死亡率が低下し(⁵   )の状態となったため、人口が急増するようになった。人口の急増による社会問題を解決するため、たとえば(⁶   )では「子供は二人でおしまいにしよう」とか、(⁷   )では「一人っ子政策」を実施するなどして、出生率の引き下げをはかろうとしている。しかし、ヨーロッパや日本などでは、すでに出生率は下がって(⁸   )の状態となり、むしろ(⁹   )が大きな社会問題となっている。

　(¹⁰   )はヨーロッパをはじめ世界各地からの移民によって、人口がいちじるしく増大した。

[語群]　多産多死　　少産少死　　多産少死　　高齢化　　人口爆発　　インド
　　　　ヨーロッパ　　北アメリカ　　中華人民共和国　　アジア

2. (¹¹   )～(¹³   )の人口ピラミッドにあてはまる国名を答えよ。[語群]から選べ。

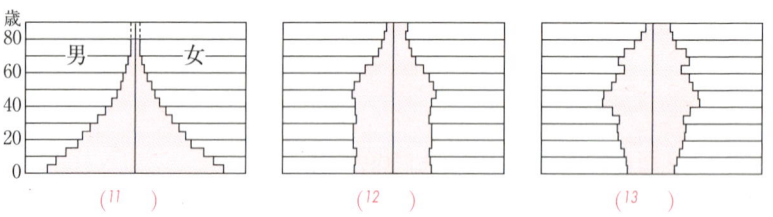

(¹¹   )　　(¹²   )　　(¹³   )

[語群]　アメリカ合衆国　　エチオピア　　ドイツ

3. (¹⁴   )～(¹⁶   )は日本の人口ピラミッドである。あてはまる年を答えよ。[語群]から選べ。

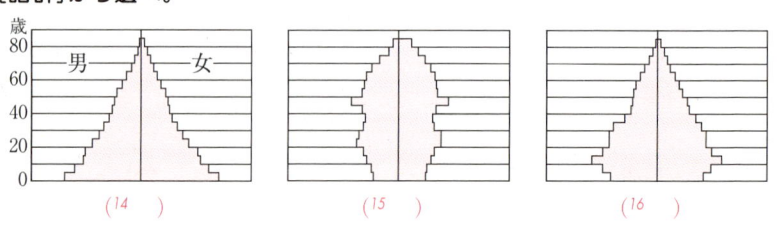

(¹⁴   )　　(¹⁵   )　　(¹⁶   )

[語群]　1930年　　1960年　　1998年

11 人口・村落・都市　47

4. (17　)〜(23　)にあてはまる語句を答えよ。[語群]から選べ。

集落にはさまざまな形態があるとともに、その時代をあらわしている。
奈良時代の条里制地割にもとづく集落は(17　)とよばれる。中世につくられたと考えられる、防御のために濠をめぐらした集落は(18　)とよばれている。これらの集落はおもに(19　)にみられる。
新田集落のみられる地域は、(20　)時代に開発された地域である。
明治期に(21　)の開拓と防備のため送りこまれた屯田兵によってつくられた、計画的碁盤目状地割をもつ集落を(22　)という。
日本において散村がみられる代表的な地域は(23　)である。

[語群]　北海道　砺波平野　奈良盆地　江戸　環濠集落　屯田兵村　条里集落

5. (24　)〜(34　)にあてはまる語句を答えよ。[語群]から選べ。

都市の中心は(24　)とよばれ、(25　)となっている。東京では大企業の本社や政治・行政機関などがあり、その機能の一部は(26　)・池袋・渋谷など私鉄のターミナル駅地区に発達し、(27　)とよばれている。都市の発展にともない、都市周辺地域の都市化が進み、大都市周辺では(28　)がいくつも発展している。無秩序な都市化を防ぐため、計画的に建設された(29　)もみられる。都市の中心では(30　)人口が多く、周辺地域では(31　)人口が多い。
(24　)の商工業や住宅の混在した地域は、それらをこわして、新しく高層ビルなどを建設する(32　)が進められている。
都市域が拡大することによって、近接する都市の都市域と連続するようになった都市を(33　)という。また、広域的に都市化が進み、都市が連続的にみられるようになった地域を(34　)といい、アメリカ合衆国や日本にみられる。

[語群]　新宿　昼間　夜間　都心　衛星都市　再開発　ニュータウン
　　　　メガロポリス　中心業務地区　副都心　コナベーション

6. (35　)〜(39　)にあてはまる都市機能を答えよ。[語群]から選べ。

(35　)大阪・ニューヨーク・上海・フランクフルト
(36　)エルサレム・メッカ・ヴァラナシ・ソルトレークシティ
(37　)マンチェスター・バーミンガム・デトロイト・エッセン
(38　)ケンブリッジ・オックスフォード・プリンストン
(39　)豊中・所沢・多摩・レッチワース

[語群]　宗教都市　学園都市　商業都市　工業都市　住宅都市

7. *(40　)〜(44　)にあてはまる都市(町)機能を答えよ。[語群]から選べ。

(40　)堺・福岡(博多)・長崎　　(41　)四日市・五日市・青梅
(42　)成田・長野・身延　　(43　)弘前・上越(高田)・金沢・萩
(44　)三島・島田・金谷

[語群]　門前町　城下町　港町　宿場町　市場町

12 民族・宗教・国家

1 人種・民族

ポイントはこれだ☆ 人種・民族の分布，人種政策・民族紛争などから，その国・地域がどこであるか判断できるようにすること。

①**人種**：皮膚・毛髪の色など，各種の身体的特徴から人類を分類
　　白色人種(コーカソイド)　　**黄色人種**(モンゴロイド)　　**黒色人種**(ネグロイド)
　　　　少 ←――――― メラニン色素(皮膚・髪・瞳の色など) ―――――→ 多

②**民族**：言語・生活習慣など文化的特徴から人類を分類

③**先住民族**
　　北アメリカ(イヌイット・インディアン)・中南アメリカ(インディオ)・
　　オーストラリア(アボリジニー)・ニュージーランド(マオリ族)　など

④**ヨーロッパの民族**
　　三大民族　**ゲルマン系民族**：北・西ヨーロッパ(スウェーデン・ドイツ・イギリスなど)
　　　　　　　ラテン系民族：南ヨーロッパ(スペイン・フランス・イタリアなど)
　　　　　　　スラブ系民族：東ヨーロッパ(ポーランド・旧ユーゴスラビア・ロシアなど)
　　先住民族：ケルト系民族(アイルランド・スコットランド・ウェールズなど)
　　アジア系民族：フィン人(フィンランド)・マジャール人(ハンガリー)

⑤**言語と民族**
　　言語は民族を形成する重要な文化的要素
　　英語・スペイン語・ポルトガル語・フランス語などは民族をこえ，世界各地で使用

⑥**人種政策**
　　白豪主義(白人オーストラリア主義)
　　　　白人以外のオーストラリアへの移民を制限 → 1979年廃止(→ 多文化主義)
　　アメリカ合衆国における黒人差別
　　　　WASP(ワスプ：白人・アングロサクソン・プロテスタント)が優位
　　　　1863年「奴隷制」廃止 → その後の公民権運動などで黒人差別は少しずつ減少
　　南アフリカ共和国のアパルトヘイト(人種隔離政策)
　　　　少数の白人が多数の黒人を支配するため，黒人らの人権をおさえる各種の法律を
　　　　制定・実施 → 1991年撤廃(1994年：黒人大統領誕生)

⑦**民族紛争**：歴史的背景が大きい。多数民族の支配への少数民族の権利・独立要求
　　北アイルランド紛争(イングランド人×アイルランド人)・ケベック問題(カナダ)・
　　ビアフラ紛争(ナイジェリア，1967〜70年，ハウサ・ヨルバ×イボ)・旧ユーゴスラ
　　ビア各紛争・クルド人問題(イラク・トルコ・イラン)・東ティモール問題など

2 宗教

ポイントはこれだ☆ 宗教の分布，宗教と生活（食生活など）の関わりなどについて，わかるようにすること。

①**世界宗教**：人種・民族を超越して，世界的に広がっている宗教。三大宗教
　キリスト教：西アジア⇒ヨーロッパ・アメリカ大陸
　イスラーム(イスラム教)：西アジア⇒北アフリカ・中央アジア・南アジア・東南アジア
　　(豚肉食禁止，聖地メッカ巡礼)
　仏教：南アジア⇒東南アジア・東アジア
②**民族宗教**：特定の民族の中で広がっている宗教
　ユダヤ教：ユダヤ民族(世界各地で生活)
　ヒンドゥー教：インド国民の約8割(信徒多い，牛肉食禁止，カースト制，沐浴)，バリ島(インドネシア)
③**エルサレム**：ユダヤ教・キリスト教・イスラム教の聖地

3　国家

ポイントはこれだ☆　面積・人口，領土の形態などから，その国がどこであるのか判断できるようにする。加盟国から国際組織名がわかるようにすること。

①**国家の三要素**：領域(領土・領海・領空)・国民・主権
　領空は領土・領海の上空　　領海は12カイリを主張する国が多い
　領海の外に，沿岸から200カイリまで「排他的経済水域」を主張する国が増加
②**国境の形態**
　自然的国境：山脈・河川など　　人為的国境：経線・緯線
③**民族と国家**
　多民族国家：多数の民族によって構成される国家(中華人民共和国・ロシアなど)
④**宗教と国家**
　国教：特定の宗教を国の宗教としたもの
　　キリスト教(アルゼンチン)・イスラム教(イラン・エジプト・パキスタンなど)
⑤**言語と国家**
　公用語：国家が議会・官庁などで公式に使用する言語
　旧宗主国の言語が公用語：〔**英語**〕ガーナ・ザンビアなど，〔**スペイン語**〕ベネズエラ・ペルー・メキシコなど，〔**ポルトガル語**〕ブラジル，〔**フランス語**〕セネガルなど
　複数の公用語を使用：スイス(ドイツ・フランス・イタリア・ロマンシュ語)・カナダ(英・フランス語)・ベルギー(オランダ・ドイツ・フランス語)・インド(ヒンディー語，各地方公用語，準公用語＝英語)　など
⑥**国家群**（現加盟国数はすべて2017年現在）
　国際連合：1945年設立，現193ヵ国加盟，本部はニューヨークにある
　ヨーロッパ連合(EU)：現28ヵ国加盟
　　1967年　ヨーロッパ共同体(EC)　→　1993年　ヨーロッパ連合(EU)
　東南アジア諸国連合(ASEAN)：現10ヵ国加盟
　　1967年　インドネシア・フィリピン・タイ・マレーシア・シンガポール
　石油輸出国機構(OPEC)：現14ヵ国加盟
　　1960年　イラン・イラク・サウジアラビア・クウェート・ベネズエラ＝ボリバル

スピード・チェック 12　民族・宗教・国家

1. (¹　)～(²　)にあてはまる語句を答えよ。

皮膚・毛髪の色など、各種の身体的特徴から人類を分類したものを(¹　)といい、言語・生活習慣など文化的特徴から人類を分類したものを(²　)という。

2. (³　)～(⁷　)にあてはまる語句を答えよ。[語群]から選べ。

アメリカ大陸には(³　)やインディアン・インディオ、オーストラリア大陸には(⁴　)、ニュージーランドには(⁵　)などの先住民族が住んでいた。
ヨーロッパでも民族の移動はさかんであった。ハンガリーの(⁶　)などは、ゲルマン系民族の大移動の要因となったアジア系民族であり、アイルランドやウェールズなどに住む(⁷　)はゲルマン系民族がヨーロッパへ来る以前からの先住民族である。
[語群]　ケルト人　マジャール人　アボリジニー　マオリ族　イヌイット

3. (⁸　)～(¹⁵　)にあてはまる国名を答えよ。[語群]から選べ。

(⁸　)はたくさんの言語が使用されているが、ヒンディー語が公用語となっている。ヨーロッパでは言語境界線付近の国家では複数の言語が使用され、(⁹　)ではオランダ語・ドイツ語・フランス語が、(¹⁰　)ではドイツ語・フランス語・イタリア語・ロマンシュ語が公用語となっている。ヨーロッパからの移民によって建国された国は、たとえば、(¹¹　)はスペイン語、(¹²　)はポルトガル語と、移民多数派の言語が公用語となり、イギリス・フランスからの移民が多かった(¹³　)では英語・フランス語の二言語が公用語となっている。一方、植民地支配を受けた国では、(¹⁴　)などでは英語、(¹⁵　)などではフランス語と、今でもかつての植民地本国(旧宗主国)の言語が公用語になっている。
[語群]　メキシコ　ベルギー　セネガル　ブラジル　カナダ　スイス
　　　　インド　ガーナ

4. (¹⁶　)～(¹⁹　)にあてはまる国名を答えよ。[語群]から選べ。

(¹⁶　)では長い間、白人以外の移民を制限する「白豪主義」政策を実施してきた。(¹⁷　)でも「アパルトヘイト」政策を実施してきた。(¹⁸　)ではWASPが優位を保っている。このように白人が優位に立ってきたが、(¹⁹　)では同じ白人のイギリス系がフランス系に対して優位に立ち、フランス系の多いケベック州で分離独立の動きが続いた。
[語群]　アメリカ合衆国　南アフリカ共和国　オーストラリア　カナダ

5. (²⁰　)～(²⁵　)にあてはまる語句を答えよ。

世界には宗教と深い関わりをもちながら生活している人たちがいる。(²⁰　)教では、豚肉食が禁止され、礼拝では聖地(²¹　)にむかって祈りをささげる。インドでは(²²　)教を信仰する人が多く、牛肉食が禁止されている。(²³　)制度が社会的に大きな影響力をもっている。タイでは(²⁴　)教がさかんで、寺院や僧侶との関わりも大きい。(²⁵　)教は植民地支配の過程や移民を通じて、世界各地に広まった。

12 民族・宗教・国家　51

6. (26)〜(35)にあてはまる語句を答えよ。[語群]から選べ。(一部，統計参照)
　国家は領域・国民・(26)の三要素から成り立っている。領域は領土・領海と，その上空の(27)とから成り立っている。領海は12カイリを主張する国が多くなっており，さらにその外に(28)を主張する国が増えている。領土がもっとも大きい国は(29)で，これに(30)がつづき，また国民の数がもっとも多い国は(31)で，これに(32)がつづいている。(33)は領土が4番目に大きく，国民の数は3番目に多い。
　近代国家は民族ごとに国家をもつ「民族国家」といわれるが，実際には国内にいくつかの少数民族をかかえる国家が多く，多種の民族をかかえる(34)もある。また，近代国家は政治と宗教を分離し，信教の自由を保障しているが，イラン・(35)・パキスタンなどのように，特定の宗教を国の宗教(国教)としている国もある。

[語群]　主権　　多民族国家　　領空　　排他的経済水域　　インド　　ロシア
　　　　中華人民共和国　　アメリカ合衆国　　エジプト　　カナダ

[面積の大きい国] 2012年　　　[人口の多い国] 2012年

ロシア	1710万km²	中華人民共和国	13.5億人
カナダ	998	インド	12.4
中華人民共和国	963	アメリカ合衆国	3.1
アメリカ合衆国	963	インドネシア	2.5
ブラジル	851	ブラジル	2.0

7. (36)〜(38)にあてはまる国際組織を答えよ。[語群]から選べ。
　(36)は現在，イラン・イラク・クウェート・サウジアラビア・アルジェリア・ベネズエラ=ボリバル・アンゴラ・エクアドル・リビア・アラブ首長国連邦・ナイジェリア・ガボンなど14カ国が加盟している。(37)はヨーロッパ共同体から発展したもので，フランス・ドイツ・イタリア・ベルギー・オランダ・ルクセンブルク・イギリス・デンマーク・アイルランド・ギリシア・スペイン・ポルトガル・オーストリア・フィンランド・スウェーデンなど28カ国が加盟している。5カ国で結成された(38)は，その後加盟国が増加し，現在インドネシア・マレーシア・フィリピン・シンガポール・タイ・ブルネイ・ベトナム・ラオス・ミャンマー・カンボジアの10カ国が加盟している。

[語群]　EU　　OPEC　　ASEAN

8. *(39)〜(46)にあてはまる国名を答えよ。[語群]から選べ。

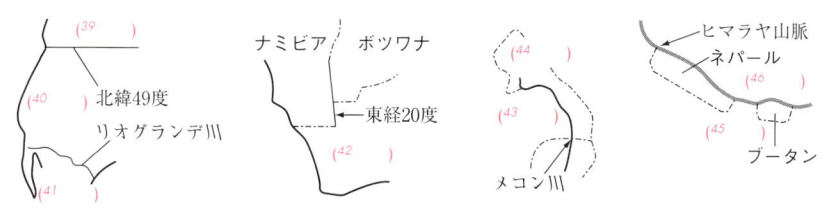

[語群]　南アフリカ共和国　中華人民共和国　アメリカ合衆国　インド
　　　　カナダ　　タイ　　ラオス　　メキシコ　　　　　(注：図の縮尺は同一ではない。)

13 東・東南・南アジア(1)

1 自然

ポイントはこれだ☆ 主要河川はヒマラヤ山脈周辺から流れる。気候は南・東南アジアが熱帯，東アジアが温帯，内陸に乾燥帯が多い。季節風などにも注目。

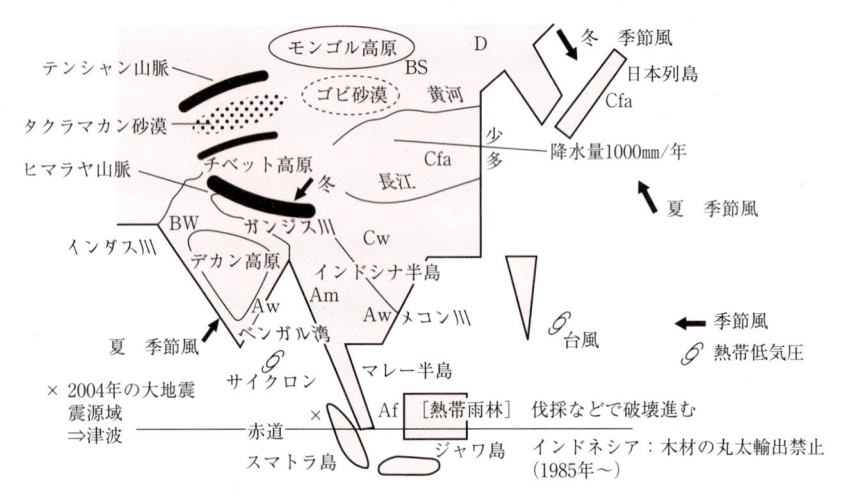

```
          モンゴル高原          D       ← 冬 季節風
テンシャン山脈                                日本列島
                   BS                        Cfa
タクラマカン砂漠    ゴビ砂漠   黄河
                                             降水量1000mm/年
                                 少 多
ヒマラヤ山脈     チベット高原         Cfa
                         冬     長江          ← 夏 季節風
              BW   ガンジス川
インダス川   デカン高原   Cw
                 Aw   Am    インドシナ半島
                       Aw    メコン川        ← 季節風
夏 季節風  ベンガル湾                   台風
         サイクロン     マレー半島        熱帯低気圧
× 2004年の大地震                Af [熱帯雨林] 伐採などで破壊進む
  震源域  ──赤道──  ×              インドネシア：木材の丸太輸出禁止
  ⇒津波        スマトラ島  ジャワ島          (1985年～)
```

2 農牧業

ポイントはこれだ☆ 稲作とプランテーション農業が特色。中華人民共和国の農牧業地域は重要。とくにチンリン＝ホワイ川線の北と南に注目。

(1) 農牧業地域

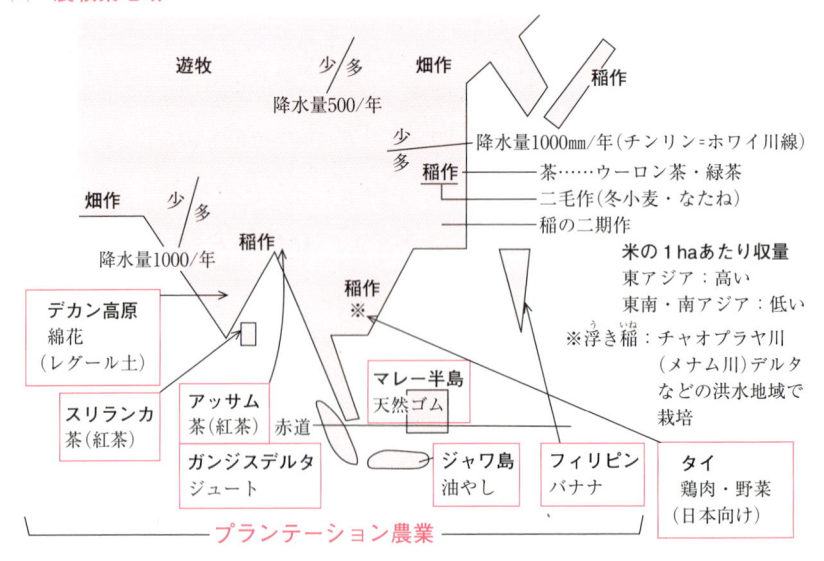

```
          遊牧    少 多   畑作
                                         稲作
               降水量500/年
                           少           降水量1000mm/年(チンリン＝ホワイ川線)
                              多   茶……ウーロン茶・緑茶
     畑作   少 多      稲作        二毛作(冬小麦・なたね)
                                   稲の二期作
         降水量1000mm/年  稲作
                                          米の1haあたり収量
                            ※          東アジア：高い
                                        東南・南アジア：低い
  デカン高原                              ※浮き稲：チャオプラヤ川
  綿花                                    (メナム川)デルタ
  (レグール土)                            などの洪水地域で
                                         栽培
  スリランカ    アッサム   赤道
  茶(紅茶)     茶(紅茶)          マレー半島
             ガンジスデルタ  ジャワ島 天然ゴム  フィリピン   タイ
             ジュート       油やし           バナナ      鶏肉・野菜
                                                         (日本向け)
          └─────── プランテーション農業 ───────┘
```

(2) アジア式稲作農業
年降水量1000mm 以上の地域(Cfa・Am・Aw)
米の生産：(1位)**中華人民共和国**・(2位)インド……2国で世界生産の50%をこえる
米の輸出：メナムデルタ(タイ)・メコンデルタ(ベトナム)などから，東南アジアのプランテーション地域へ(最大の米輸出国：**タイ**，輸入国：インドネシア・フィリピン)

(3) アジア式畑作農業
年降水量1000mm 未満の地域(Cw・D)
畑作物：[中国]東北区(D)：大豆・こうりゃん・春小麦
　　　　　　華北(Cw)：あわ・冬小麦・こうりゃん・綿花
　　　　[インド・パキスタン]パンジャーブ(B)：小麦・綿花

(4) 遊牧
羊・馬
[チベット]ヤク

(5) プランテーション農業
①ヨーロッパ人による**植民地支配**……とくに19世紀～(第二次世界大戦後に独立)
　　[スペイン→アメリカ合衆国]フィリピン　　　　**タイのみ独立保つ**
　　[オランダ]インドネシア……**強制栽培**(19世紀)
　　[イギリス]インド・パキスタン・バングラデシュ・スリランカ・マレーシア・
　　　　　　シンガポール・ブルネイ
　　[フランス]ベトナム・ラオス・カンボジア
②大農園でヨーロッパ向け**工業原料・嗜好品**を生産
　　[独立後]ヨーロッパ人経営による大農園
　　　　　　　→アメリカ資本・華僑資本，分割されて国有化・現地払い下げなど
③おもな作物
　天然ゴム：原産地ブラジルから移植。ゴムタイヤなどに
　油やし：**パーム油**(石けん・マーガリンなどに)がとれる…栽培面積拡大
　コーヒー：ベトナムで栽培面積拡大(輸出増加)
　ココやし：コプラがとれる
　バナナ：日本への輸出が多い(フィリピン)
　ジュート：高温多雨地域の低湿地……繊維原料
　茶：高温多雨地域の傾斜地(夏の季節風がぶつかる南西～南向き斜面)
　綿花：デカン高原のレグール土

(6) 土地所有・生産
[中華人民共和国]　農業集団化(→人民公社)→**生産請負制**
[東南アジア・南アジア]　大土地所有制・地主制が残る(農業改革が進んでいない)
[大韓民国]　**セマウル運動**……農業生産と農村生活の向上をはかる
緑の革命：多収穫品種の栽培によって，増産をはかる…インドなどで実施
　国際稲研究所……マニラ(フィリピン)に所在

スピード・チェック　13　東・東南・南アジア(1)

1. (¹　)～(⁹　)にあてはまる語句を答えよ。[語群]から選べ。

　東アジアと南アジアの境界には新期造山帯に属する，世界でもっとも高い(¹　)山脈がある。この山脈の北側には(²　)高原がある。東アジアの黄河や(³　)，東南アジアの(⁴　)川，南アジアの(⁵　)川やインダス川など，ユーラシア大陸東部から南部にかけての大きな河川は，こうした標高の高い地域を源流にしている。インドネシアのスマトラ島や(⁶　)島，(⁷　)半島から細長くのびるマレー半島などは，新期造山帯のアルプス＝ヒマラヤ造山帯に属する。(⁸　)列島も属する環太平洋造山帯はユーラシア大陸東部に沿うようにのびて，インドネシアでアルプス＝ヒマラヤ造山帯と交わる。南アジアの(⁹　)高原は安定陸塊の地域が多い。

[語群]　ガンジス　日本　インドシナ　デカン　ジャワ　長江　ヒマラヤ
　　　　メコン　チベット

2. (¹⁰　)～(²²　)にあてはまる語句を答えよ。[語群]から選べ。

　東アジアから南アジアにかけての地域は，冬は大陸から，夏は海洋から風が吹く。このような風を(¹⁰　)とよんでいる。夏の風は，東アジアでは(¹¹　)から，東南アジアや南アジアでは(¹²　)から吹くことになる。多量に湿気を含むため，雨量が多くなり，その風がぶつかる山地の南向き斜面では，とくに多雨となる。熱帯低気圧は赤道から北の太平洋上で発生するものは(¹³　)，同じく赤道から北のインド洋上で発生するものは(¹⁴　)とよばれる。この熱帯低気圧も多量の雨をもたらす。このように東アジアから南アジアにかけての地域はとくに夏，気温が高く，雨量が多いため，(¹⁵　)の栽培に適している。

　東アジアでも(¹⁶　)から北，南アジアでも西半部は年降水量が1000mmより少なく，(¹⁷　)地域となっている。農作物としては，(¹⁸　)・綿花・大豆などが栽培され，東アジアの冷帯地域では(¹⁹　)の生産も多い。東アジアの内陸部は降水量も少なく，ゴビ砂漠や，クンルン山脈とテンシャン山脈の間には(²⁰　)砂漠などがひろがっている。草原では羊などの(²¹　)がおこなわれている。また，チベット高原では(²²　)が飼育されている。

[語群]　タクラマカン　サイクロン　インド洋　ヤク　台風　太平洋　稲
　　　　チンリン＝ホワイ川線　遊牧　こうりゃん　畑作　季節風　小麦

3. (²³　)～(³²　)にあてはまる語句を答えよ。[語群]から選べ。

　東南アジア・南アジアの国ぐには，19世紀から第二次世界大戦にかけて，タイをのぞいて欧米諸国の植民地支配を受けた。熱帯地域ではヨーロッパ人によって大農園が経営され，ヨーロッパ向けの農産物が栽培された。このような農業形態を(²³　)農業とよんでいる。独立後，農園の経営はヨーロッパ人の手を離れたものが多いが，今も大農園が存在し，その国の重要な輸出品として栽培が続けられている。

　マレーシア・インドネシアなどでは(²⁴　)の生産が多く，これからパーム油がつくら

13　東・東南・南アジア(1)　55

れる。パーム油は植物性油脂として，石けん・マーガリンなどの原料として使用される。(25　)の油脂はコプラで，フィリピン・インドネシアなどで生産が多い。ブラジルから移植されて栽培が始まった(26　)は，自動車のタイヤなどの原料となるが，生産量1～5位の国がタイ・インドネシア・マレーシア・インド・ベトナムと，すべてアジアの国で占められている。ベンガル湾地域は季節風と熱帯低気圧の影響で降水量が多く，低湿地では繊維原料となる(27　)がたくさん栽培されている。この農産物の国別生産量は，1位が(28　)，以下，バングラデシュ・中華人民共和国・コートジボワール・タイと続いている。茶はスリランカやインドの(29　)地方が主産地である。デカン高原は(30　)の主産地である。気候とともに(31　)とよばれる土壌も栽培に適している。フィリピンでは日本向けの(32　)がたくさん生産されている。

[語群]　油やし　ジュート　ココやし　バナナ　天然ゴム　プランテーション
　　　　インド　レグール土　アッサム　綿花

4. (33　)～(42　)にあてはまる語句を答えよ。[語群]から選べ。

　稲はおおむね年降水量(33　)mm以上の地域で栽培される。
　水に強く，チャオプラヤ川(メナム川)下流の三角州では浸水にあわせて稲が長くのびて成育する(34　)がみられた。
　米の生産量が多い国は，1位(35　)，2位(36　)であるが，米の最大の輸出国は(37　)である。しかし，米の輸出第2位のアメリカ合衆国にくらべると，米の1ha当り収量は3分の1程度である。
　アジアの国々では，第二次世界大戦後，農業生産を高めるさまざまな政策が進められてきた。中華人民共和国では貧困の解消もあわせて進めるため，土地改革，さらに農業集団化がおこなわれ，1958年から(38　)が組織された。しかし，やがて農業生産ののびなやみが目立つようになり，(39　)への転換がはかられた。大韓民国では，農業生産とともに，農村生活の向上をめざして(40　)運動が展開された。土地改革のじゅうぶん進まない国でも，米の1ha当りの収量を高めるため，多収穫品種の導入などが進められ，収量が大きく増えたところでは「(41　)の革命」とよばれた。国際稲研究所がフィリピンの首都(42　)にある。

[語群]　中華人民共和国　インド　マニラ　セマウル　浮き稲　人民公社
　　　　1000　タイ　緑　生産請負制

5. *(43　)～(48　)にあてはまる国名を答えよ。[語群]から選べ。

　各農産物の生産量1～5位の国で，左から1位・2位の順(2009～14年)。
米：(43　)・(44　)・(45　)・バングラデシュ・ベトナム(2014年)
大豆：アメリカ合衆国・ブラジル・アルゼンチン・(43　)・(44　)(2011年)
バナナ：(44　)・(43　)・(46　)・エクアドル・ブラジル(2012年)
茶：(43　)・(44　)・ケニア・スリランカ・(47　)(2009年)
綿花：(43　)・(44　)・アメリカ合衆国・(48　)・ウズベキスタン(2010年)

[語群]　トルコ　インド　インドネシア　フィリピン　中華人民共和国　パキスタン

14 東・東南・南アジア(2)

1 鉱工業

ポイントはこれだ☆ 工業地域は限られているので，しっかり覚える。中華人民共和国とインドの重工業地域は炭田・鉄山と関連づけて覚えること。

(1) 鉱工業地域

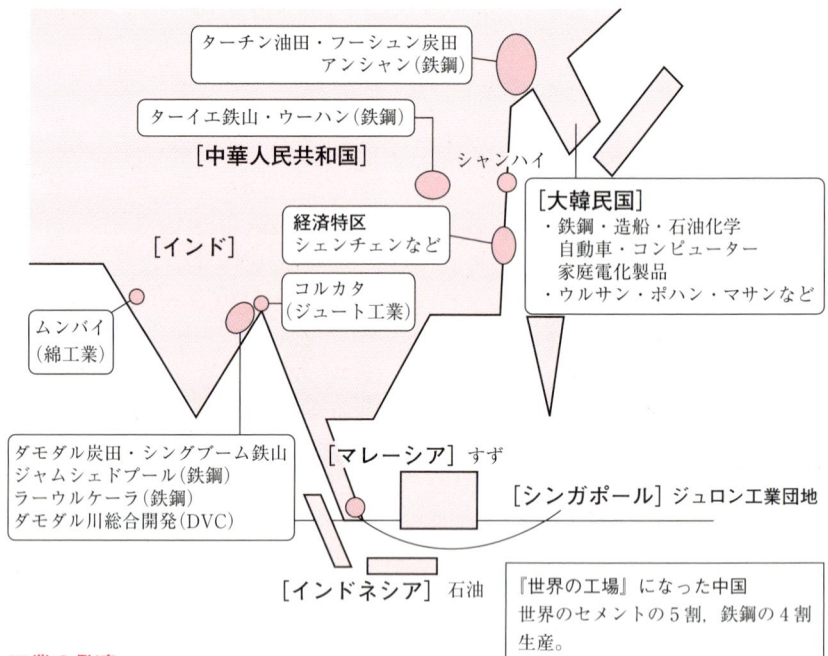

```
                ターチン油田・フーシュン炭田
                アンシャン(鉄鋼)

                ターイエ鉄山・ウーハン(鉄鋼)

                [中華人民共和国]
                                    シャンハイ
                                                [大韓民国]
                        経済特区                ・鉄鋼・造船・石油化学
                        シェンチェンなど          自動車・コンピューター
                                                家庭電化製品
        [インド]                                ・ウルサン・ポハン・マサンなど
                    コルカタ
                    (ジュート工業)
    ムンバイ
    (綿工業)


    ダモダル炭田・シングブーム鉄山
    ジャムシェドプール(鉄鋼)       [マレーシア] すず
    ラーウルケーラ(鉄鋼)
    ダモダル川総合開発(DVC)                     [シンガポール] ジュロン工業団地

                        [インドネシア] 石油
```

『世界の工場』になった中国
世界のセメントの5割，鉄鋼の4割生産。
世界1位の生産：自動車・テレビ・
　　　　　エアコン・冷蔵庫など
農村：郷鎮企業(農村の余剰労働力吸収)
工業化進むインド
コンピューター産業：バンガロール
　　　(インドのシリコンヴァレー)
自動車：デリー・チェンナイ

(2) 工業の発達

①**工業化**
　輸入代替工業 → 輸出指向型工業(低賃金労働力)
②**新興工業経済地域(NIEs)**
　発展途上国のうち，工業化が進んだ国
　アジアNIEs：大韓民国・シンガポール・(台湾)
③**工業製品の輸出が8割以上占める国**
　日本・大韓民国・中華人民共和国・パキスタン・バングラデシュ

2 各国の特色

ポイントはこれだ☆ 旧宗主国・政策・宗教をはじめとする特色から，その国がどこであるか判断できるようにすること。

(1) 東アジア

　[大韓民国]　首都：ソウル，セマウル運動，NIEs

文字：ハングル，民族衣装：チマ＝チョゴリ，暖房：オンドル
都市人口率80％超える
[朝鮮民主主義人民共和国]　首都：ピョンヤン，千里馬(チョルリマ)運動
[モンゴル]　遊牧，住居：ゲル
[中華人民共和国]　首都：ペキン，人口：13億人以上(**世界1位**)
　人口増加の抑制：「**一人っ子政策**」(2016年撤廃)，多民族国家：50以上の民族
　漢民族：9割以上，**チベット**：ラマ(チベット仏)教，**ホンコン特別行政区**
　都市人口率急増(50％に近づく)
　携帯電話普及(一人1台水準)

(2) 東南アジア　　　★印：**華人(中国系住民，華僑(かきょう))の多い国**
　[フィリピン]　首都：マニラ，旧宗主国：スペイン→アメリカ合衆国，
　　公用語：ピリピノ(タガログ語)・英語，カトリック
　[ベトナム]　旧宗主国：フランス，**ドイモイ**(刷新)政策
　[ラオス]　旧宗主国：フランス
　[カンボジア]　旧宗主国：フランス，仏教
　[タイ]★　首都：バンコク，仏教
　[ミャンマー]　旧宗主国：イギリス，仏教
　[マレーシア]★　旧宗主国：イギリス，ブミプトラ政策，イスラム教(国教)，
　　公用語：マレー語，ルックイースト政策，マレー人(マレー語・イスラム
　　教)，華人(中国語・仏教)，インド人(ヒンディー語・ヒンドゥー教)
　[シンガポール]★　旧宗主国：イギリス，中継貿易港，NIEs，華人中心
　　公用語：中国語・英語・マレー語・タミル語
　[ブルネイ]　旧宗主国：イギリス，イスラム教(国教)，石油
　[インドネシア]★　首都：ジャカルタ(ASEAN本部が所在)，旧宗主国：オランダ，
　　イスラム教，バリ島(ヒンドゥー教)
　ASEAN(東南アジア諸国連合)：1967年発足(5カ国)，現在，東ティモール(2002年
　　独立)をのぞく10カ国が加盟

(3) 南アジア
　[インド]　首都：デリー，旧宗主国：イギリス，公用語：ヒンディー語
　　(他に，準公用語：英語，憲法公認語：17言語)，**ヒンドゥー教…カースト制**
　　人口：12億人以上(世界2位)，人口増加の抑制(「**子供は二人でおしまい**」)
　　カシミール問題(パキスタンとの領有争い)
　[パキスタン][バングラデシュ]　旧宗主国：イギリス，イスラム教(パキスタンは国
　　教)，1947年独立時にインドと分離(インドをはさんで東西に分断)，1971年に東
　　部がバングラデシュとして分離独立
　[スリランカ]　旧宗主国：イギリス，シンハリ人(多数派，アーリア系・仏教)と
　　タミル人(ドラヴィダ系・ヒンドゥー教)の対立
　[ネパール][ブータン]　ヒマラヤ山脈山麓の国

スピード・チェック 14 東・東南・南アジア(2)

1. (1)〜(18)にあてはまる語句を答えよ。[語群]から選べ。

中華人民共和国は面積約960万km^{2}で世界第3位，人口は約(1)億人で世界第1位。急速な人口増加を抑制するため，1979年から2015年まで(2)が実施された。首都は(3)であるが，経済活動の中心はむしろシャンハイにある。東北区には(4)炭田などがあり，鉄山のある(5)などで鉄鋼業が発達している。長江流域の(6)ではたくさんの鉄鉱石が産出され，近くの(7)では鉄鋼業が発達している。1978年からの経済開放政策によって，外国資本・技術の積極的導入がはかられ，そのため，1980年から沿岸部の地域に(8)を指定した。とくに(9)には多くの外国企業が進出し，工業化が進んだ。150年以上イギリスに支配されてきた(10)は，1997年に中華人民共和国に返還され，現在は特別行政区として運営されている。

朝鮮は1910年から1945年まで日本に植民地支配された。しかし，独立後は米ソが対立する世界情勢のなかで南北に分断され，北に(11)を首都とする(12)，南に(13)を首都とする(14)が成立した。北では(15)によって産業の発達をはかり，南は日本などの外国資本・技術を導入して，工業の発展をはかった。南はその後，急速に工業化が進み，(16)の代表的な存在となった。マサン・(17)・ポハンなどではとくに重工業が発達している。また，農業の生産向上と農村の生活向上をめざし(18)がおこなわれた。

[語群]　ピョンヤン　千里馬運動　フーシュン　朝鮮民主主義人民共和国　12
　　　　ターイエ　ホンコン　ソウル　大韓民国　セマウル運動　NIEs
　　　　一人っ子政策　アンシャン　ウルサン　ペキン　ウーハン
　　　　経済特区　シェンチェン

2. (19)〜(28)にあてはまる語句を答えよ。[語群]から選べ。

東南アジアの国ぐには19世紀から20世紀にかけて欧米諸国の植民地支配を受けてきた。ミャンマー・マレーシア・シンガポール・ブルネイは(19)，ベトナム・ラオス・カンボジアは(20)，インドネシアは(21)，フィリピンは(22)に支配され，植民地とならなかったのは(23)だけである。植民地支配のなかで，食糧生産なども伸びなかったが，工業生産の発展も抑制されてきた。独立後は各国とも工業化をはかろうとした。シンガポールは中継貿易港としての利点を生かして，(24)工業団地などを建設し，日本をはじめとする外国企業を誘致し，(25)の代表的存在へと発展した。マレーシアも西洋ではなく，日本など東の国を見習って工業化を進めようとする(26)政策をおこない，工業発展をはかった。ベトナムは長い戦争によって，経済発展をはかれなかったが，1986年から，外国資本・技術も積極的に受け入れて経済発展をはかる(27)政策をおこなうようになった。1967年，ベトナムを包囲するアメリカ合衆国との同盟国としての性格をもって，タイ・マレーシア・シンガポール・インドネシア・フィリピンの5カ国で結成された(28)には，現在ベトナムをはじめ，東南アジアの他の国も加盟している。

[語群]　ジュロン　オランダ　タイ　ドイモイ　イギリス　NIEs
　　　　ルックイースト　アメリカ合衆国　ASEAN　フランス

14 東・東南・南アジア(2)

3. (^{29})〜(^{38})にあてはまる語句を答えよ。[語群]から選べ。

南アジアは(^{29})の植民地支配を受けた。第二次世界大戦後，独立に際し，(^{30})教徒の多いインドと，(^{31})教徒の多いパキスタンに分かれて独立したが，1971年，(^{32})がパキスタンから分離独立した。インドとパキスタンの間には(^{33})の領有をめぐる紛争がある。(^{34})でもシンハリ人とタミル人との対立がある。

インドの首都は(^{35})であるが，経済の中心は，ベンガル湾奥の(^{36})と，デカン高原の西にある(^{37})で，ともに物資の集散地として発達した。重工業はダモダル炭田・シングブーム鉄山を中心とした地域に発達し，(^{38})にあるタタ製鉄所はインドでもっとも古い歴史をもつ製鉄所である。

[語群]　スリランカ　ヒンドゥー　イギリス　カシミール　コルカタ　イスラム
　　　　バングラデシュ　デリー　ムンバイ　ジャムシェドプール

4. (^{39})〜(^{50})にあてはまる国名を答えよ。[語群]から選べ。

(^{39})ハングル・オンドル・ソウル・セマウル運動・NIEs
(^{40})高原・草原・遊牧・ゲル
(^{41})ターチン油田・生産請負制・経済特区
(^{42})旧フランス植民地・ドイモイ政策
(^{43})チャオプラヤ川・浮き稲・仏教・バンコク
(^{44})タガログ語・スペイン語・カトリック・旧アメリカ合衆国植民地・英語・マニラ・バナナ
(^{45})マーライオン・華人・ジュロン工業団地・NIEs
(^{46})強制栽培・石油・熱帯雨林・イスラム教・ジャカルタ・バリ島
(^{47})イスラム教・ブミプトラ政策・華人・ルックイースト政策・マラッカ海峡
(^{48})「子供は二人でおしまい」・カースト制・ヒンディー語・バンガロール・チェンナイ
(^{49})シンハリ人・仏教・タミル人・茶
(^{50})インダス文明・パンジャーブ・イスラム教・カラチ

[語群]　ベトナム　大韓民国　モンゴル　中華人民共和国　パキスタン
　　　　タイ　マレーシア　インドネシア　フィリピン　シンガポール
　　　　インド　スリランカ

5. (^{51})〜(^{53})の各説明にあてはまる語句を答えよ。[語群]から選べ。

(^{51})1970年代に大韓民国でおこなわれた農村近代化政策。用水整備，農道建設などの他，農家の改造などもおこなわれた。
(^{52})1970年代，マレーシアで始まった先住民優先政策。
(^{53})外国に生活する中国人。とくに東南アジアに多い。かつては華僑とよばれた。

[語群]　華人　セマウル運動　ブミプトラ政策

15 西アジア・アフリカ

1 概観

ポイントはこれだ☆ 西アジア・北アフリカは気候・宗教で共通点が多い。アフリカの気候は赤道を中心に対称的に帯状に分布。砂漠化は進行過程を理解すること。

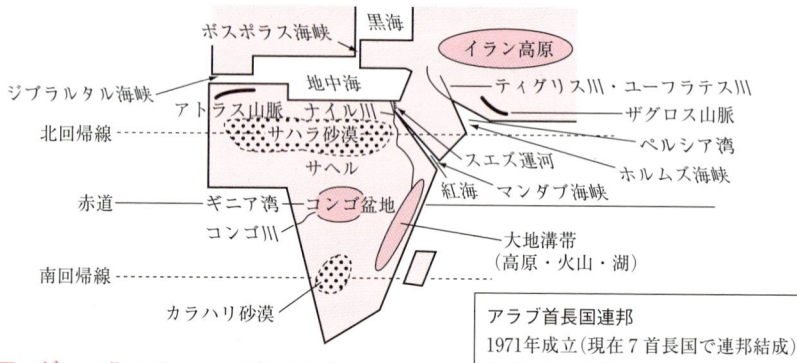

（地図：ボスポラス海峡、黒海、地中海、イラン高原、ジブラルタル海峡、アトラス山脈、ナイル川、ティグリス川・ユーフラテス川、ザグロス山脈、北回帰線、サハラ砂漠、ペルシア湾、サヘル、スエズ運河、ホルムズ海峡、赤道、ギニア湾、コンゴ盆地、紅海、マンダブ海峡、コンゴ川、大地溝帯（高原・火山・湖）、南回帰線、カラハリ砂漠）

(1) **西アジア・北アフリカ　共通点が多い**
　乾燥帯の気候……砂漠気候・ステップ気候
　イスラム教……聖地：メッカ（サウジアラビア）
　アラビア語
　〔例外〕　トルコ（トルコ語）・イラン（ペルシア語）
　　　　　イスラエル（ユダヤ教・ヘブライ語）
　エルサレム（ユダヤ教・キリスト教・イスラム教の聖地）

> アラブ首長国連邦
> 1971年成立（現在7首長国で連邦結成）
> 首都：アブダビ
> 最大都市：ドバイ（経済の中心）
> アブダビ空港・ドバイ空港…ハブ空港
> ドバイ：高さ800mを超えるビル，世界最大のショッピングモール・人工島などがある。「中東の金融センター」。
> ドバイ港（コンテナ，中継貿易港）

(2) **中南アフリカ**

（地図：乾燥帯、サバナ気候、熱帯、熱帯雨林気候、赤道、黒人、乾燥帯、地中海性気候、西岸海洋性気候）

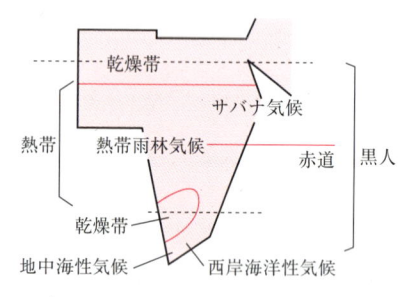

> ヨーロッパの植民地支配を経験
> **多くが1960年頃独立**
> **第二次世界大戦以前からの独立国**
> エチオピア（唯一の非植民地）
> リベリア（アメリカで解放された
> 　　　　黒人奴隷によって建国）
> 南アフリカ共和国（白人移民建国）
> **旧宗主国の言語が公用語**となっている国が多い

　アパルトヘイト（人種隔離）政策
　　南アフリカ共和国
　　　少数の白人による，多数の黒人支配
　　　1991年廃止，94年黒人大統領誕生
　ビアフラ戦争（1967年〜70年，**ナイジェリア**）
　　三大民族（北部：**ハウサ族**，西部：**ヨルバ族**，東部：**イボ族**）
　　石油の利権などをめぐり，イボ族が独立宣言→ビアフラ戦争（ビアフラ敗北）

西アフリカにイスラム教，東・南アフリカにキリスト教が多い

(3) サヘルの砂漠化

サヘル：サハラ砂漠の南側の周辺地域……砂漠についで少雨

砂漠化の進行・飢餓により南部地域へ人口移動→難民化

[砂漠化のメカニズム]

```
    定住農耕の増大→人口の増大──→干ばつによる食料不足─┐
    降水量の減少                                          │
        └→植生破壊←──樹木・草地を食いつくす←──家畜飼育の増大
          ↑↓  →砂漠化                              （干ばつ時でも，食料
          飛砂                                        として利用できる）
```

2 産業

ポイントはこれだ☆ モノカルチャー経済となっている。その国で生産・輸出される農鉱産物から，どこの国であるか判断できるようにすること。

ギニア湾岸には，奴隷海岸(ナイジェリア)・黄金海岸(ガーナ)・象牙海岸(コートジボワール)などの地名が残る

(1) 農牧業
①熱帯地域
　移動式農業(焼畑農業)
　　自給用作物：ヤムいも・タロいも・キャッサバ・あわ・もろこし
　プランテーション農業
　　商品作物：茶(ケニア)・カカオ(コートジボワール・ガーナ)
　　　　　　　コーヒー(エチオピア…原産地)・落花生(セネガル)
②乾燥帯地域　　　　　　　　　　　地下水路：**カナート**(イラン)
　遊牧……らくだ　　　　　　　　　　　　　　**フォガラ**(北アフリカ)
　オアシス農業……なつめやし　　　外来河川：上流に湿潤地域をもち，
　企業的放牧業……羊(南アフリカ共和国)　　乾燥地帯へ流入する河川
③温帯地域　　　　　　　　　　　　　　　　（ナイル川など）
　地中海式農業……オレンジ類(モロッコ・南アフリカ共和国)

(2) 鉱業
①産油国　石油の産出される国→ OPEC加盟
　イラン・イラク・サウジアラビア・クウェート・アラブ首長国連邦・カタール
　リビア・アルジェリア・ナイジェリア
②ザンビア　銅（**カッパーベルト**）────→ダルエスサラーム
　　　　　　　コバルト　　　　　　　タンザン鉄道(タンザニア)
③南アフリカ共和国　金・ダイヤモンド・**希少金属**(クロム・マンガンなど)

(3) モノカルチャー経済：ごく少種類の生産物に国の経済が依存している

(4) 便宜置籍船
船主が課税に対する優遇などから，船籍を便宜上，外国に置くこと
　→　リベリア(アフリカ)・パナマ(中南アメリカ)など

スピード・チェック 15 西アジア・アフリカ

1. (^{1}　)～(^{16}　)にあてはまる語句を答えよ。[語群]から選べ。

アフリカから西アジアにかけては安定陸塊の地域が多い。しかし北アフリカの(^{1}　)山脈から，トルコのアナトリア高原，イランのイラン高原や(^{2}　)山脈にかけて，新期造山帯が連なり，また，アフリカ東部には(^{3}　)が通っているため，高原が続き，火山や湖も多い。(^{4}　)川・ユーフラテス川はトルコからイラクを通って(^{5}　)に流れ込み，(^{6}　)川はアフリカ東部の高原地帯からスーダンを通り，エジプトから(^{7}　)に流れ込んでいる。これらの川の下流域ではいずれも古代文明が生まれている。
赤道は(^{8}　)を通って，アフリカの中央を貫いている。アフリカの気候は赤道を中心に対称的に帯状に分布している。赤道直下の(^{9}　)盆地などは(^{10}　)気候，その周辺地域が(^{11}　)気候。北回帰線の通る地域は世界最大の(^{12}　)砂漠がひろがり，南回帰線の通る地域には(^{13}　)砂漠などがみられる。砂漠の周辺には(^{14}　)気候の地域がみられる。アフリカの最北部と最南部は(^{15}　)気候となっている。西アジアも全般的に降水量が少なく，(^{16}　)気候やステップ気候となっている。

[語群]　ティグリス　サハラ　ギニア湾　ステップ　大地溝帯　カラハリ
　　　　アトラス　ザグロス　ペルシア湾　ナイル　コンゴ　熱帯雨林
　　　　地中海　サバナ　地中海性　砂漠

2. (^{17}　)～(^{24}　)にあてはまる語句を答えよ。[語群]から選べ。

西アジアから北アフリカにかけての国々は共通点が多い。
①ほとんどの地域が砂漠気候や(^{17}　)気候といった乾燥気候。
②(^{18}　)教を信仰する人が多い。この宗教の最大の聖地はサウジアラビアの(^{19}　)で，世界各地から多くの巡礼が訪れる。エルサレムはユダヤ教・(^{20}　)教の聖地であるとともにこの宗教の聖地ともなっている。
③(^{21}　)語が公用語の国が多い。ただし，トルコはトルコ語，イランは(^{22}　)語，ユダヤ人が建国した(^{23}　)はヘブライ語が公用語である。
④石油のとれる国が多く，(^{24}　)に加盟している。

[語群]　キリスト　イスラム　ペルシア　サウジアラビア　ステップ
　　　　アラビア　メッカ　イスラエル　OPEC

3. (^{25}　)～(^{29}　)にあてはまる語句を答えよ。[語群]から選べ。

15世紀末以来，ヨーロッパ人のアジア航路の経由地となった中南アフリカは，やがて(^{25}　)の供給地となり，多くの黒人たちがアメリカへと送り出された。1863年，(^{26}　)で奴隷解放令が出されたが，今度は中南アフリカのほとんどの地域が19世紀から20世紀にかけて，ヨーロッパ列強諸国の植民地支配を受けることになった。中南アフリカの国ぐにには(^{27}　)の独立をきっかけに，1960年からつぎつぎと独立するようになった。しかし，植民地時代の影響はその後も残り，たとえば首都がダカールの(^{28}　)ではフランス語というように，旧宗主国の言語がそのまま公用語となっている国が多い。輸出品もご

15 西アジア・アフリカ

く少種類の農鉱産品(一次産品)が輸出の大半を占め，いわゆる(29　)経済となっている。
[語群]　アメリカ合衆国　セネガル　モノカルチャー　ガーナ　奴隷

4. (30　)～(36　)にあてはまる語句を答えよ。[語群]から選べ。
　中南アフリカの広い範囲にわたって(30　)がおこなわれ，ヤムいも・(31　)・キャッサバ・あわなどが栽培されてきた。ヨーロッパ人による植民地化によって，条件の良い土地に大農園が経営され，いわゆる(32　)が発展し，茶・(33　)などヨーロッパ向けの農産物が栽培された。北アフリカから西アジアにかけての乾燥地域では，(34　)がみられ，(35　)などが栽培されている。地中海式農業では(36　)なども栽培されている。
[語群]　タロいも　移動式農業　プランテーション農業　オアシス農業
　　　　なつめやし　カカオ　オレンジ

5. (37　)～(41　)にあてはまる国名を答えよ。[語群]から選べ。
　アフリカのモノカルチャー経済の実態を知るため，各国の「輸出量のもっとも多い品目・輸出割合」を調べてみた。(37　)はコーヒー豆が22%，(38　)は茶が20%，(39　)はカカオ豆が25%，コンゴ(旧ザイール)はダイアモンドが38%，(40　)は石油が85%，ニジェールはウラン鉱が58%，カッパーベルトで知られる(41　)は銅鉱が67%，リベリアは天然ゴムが85%を，それぞれ占めていた(いずれも2009年)。
[語群]　エチオピア　ザンビア　コートジボワール　ナイジェリア　ケニア

6. (42　)～(45　)にあてはまる国名を答えよ。
(42　)アメリカ合衆国で解放された黒人奴隷によって建国された。便宜置籍船が多い。
(43　)白人移民によって建国された。少数の白人が多数の黒人を支配するためのアパルトヘイト政策がおこなわれてきたが，1991年廃止された。レアメタルの産出が多い。
(44　)かつての奴隷海岸。ハウサ・ヨルバ・イボが三大部族。イボ族の地域で産出される石油の利権などをめぐって，イボ族がビアフラ共和国独立を宣言。ビアフラ戦争に発展した。
(45　)ペルシア湾に面し，首都はアブダビ。経済の中心ドバイは，「中東の金融センター」とよばれている。

7. (46　)・(47　)の問いに答えよ。
(46　)サハラ砂漠の南周辺地域を何とよんでいるか(近年，砂漠化が進行)。
(47　)アフリカにおける砂漠化の要因としてあてはまらないものを次の1～4から一つ選び，番号で答えよ。
1．降水量が作物栽培限界に近く，降水量の変動により，限界を下まわることがある。
2．定住農耕が進み，遊牧にくらべ，降水量の減少の影響を強く受けるようになった。
3．外来河川の水量が減少し，灌漑用水が不足するようになった。
4．干ばつによる食料不足を補うため，家畜の飼育を多くしたため，家畜が樹木や草を食べつくし，植生を破壊し，飛砂を増大させて，砂漠化をいっそうおし進めた。

16 ヨーロッパ

1 自然と人びと

> **ポイントはこれだ☆** アルプス山脈の北と南で気候が異なる。北・西，南，東ヨーロッパで民族分布も異なる。このような地域の特色をまず把握すること。

(1) 気候・地形

（図：ヨーロッパの地形と気候区分）

北大西洋海流／偏西風／大西洋／北海／スカンディナヴィア山脈／スカンディナヴィア半島／ライン川／バルト海／Cfb／Df／ペニン山脈／アルプス山脈／ドーヴァー海峡／黒海／ピレネー山脈／ドナウ川／イベリア半島／Cs／ボスポラス海峡／地中海／バルカン半島／ジブラルタル海峡／アペニン山脈／アドリア海／アフリカ／シロッコ

① ミストラル
② ボラ
③ フェーン

(2) 民族

三大民族　（北・西）**ゲルマン系**　（南）**ラテン系**　（東）**スラブ系**
ケルト系　アイルランド・ウェールズ・スコットランドなど
アジア系　マジャール人（ハンガリー）・フィン人（フィンランド）

(3) 宗教　キリスト教：北・西（**プロテスタント**），南（**カトリック**），東（**ギリシャ正教**）

(4) 特徴的な自然

① **氷河地形**
　カール・ホルン・U字谷……アルプス山脈（山岳氷河が残る）
　フィヨルド……スカンディナヴィア半島西海岸
　モレーンなど……北ドイツ平原
② **ケスタ**　パリ盆地にみられる
③ **リアス式海岸**　リアスバハス海岸（イベリア半島北西部）
④ **カルスト地形**　カルスト地方（スロベニア）
⑤ **地中海性気候**　硬葉樹林（オリーブ・コルクがし・月桂樹(げっけいじゅ)）　テラロッサ

2 産業

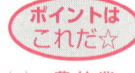

> **ポイントはこれだ☆** 農牧業の類型と特色・分布を覚える。鉱工業地域は重要。工業立地と関連させて覚えること。EUにいたる過程は目的も含め理解すること。

(1) 農牧業

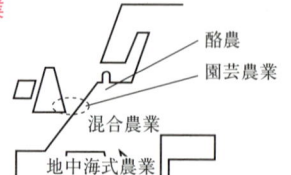

（図：農牧業の分布）
酪農／園芸農業／混合農業／地中海式農業

① **混合農業**：三圃式農業などから発展
　[作物栽培] ＋ [家畜飼育]
　飼料作物　　肉牛・豚など
　食料作物：小麦・ライ麦・えん麦・大麦・
　　　　　　じゃがいも・てんさい　など

②園芸農業：花卉・野菜
　③酪農：バター・チーズ……オランダ
　④地中海式農業
　　夏の乾燥に強い作物：オリーブ・ぶどうなど
　　乾燥に強い家畜：羊・やぎ
　　冬の作物：小麦

　　ワイン(ぶどう酒)の生産
　　イタリア
　　フランス：ロワール川・ローヌ川・
　　　　　　　ガロンヌ川の流域
　　ドイツ：ライン・モーゼル川の流域

(2) 鉱工業

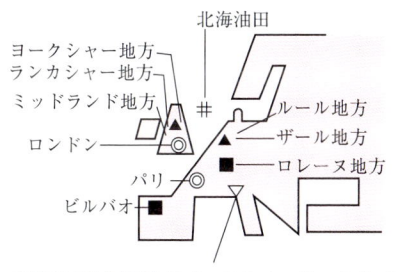

　　　　　　　　　北海油田
　ヨークシャー地方
　ランカシャー地方
　ミッドランド地方　　　　ルール地方
　ロンドン　　　　　　　　ザール地方
　　　　　　パリ　　　　　ロレーヌ地方
　ビルバオ

　工業の三角地帯(トリノ・ミラノ・ジェノヴァ)

　①産業革命
　　イギリス：18世紀後半～　綿工業
　　マンチェスター(ランカシャー地方)
　　貿易港：リバプール
　　産業革命期に発達した工業地帯
　　→石炭・鉄鉱石産地に立地
　　　イギリス(ランカシャー・ヨークシ
　　　　　　　ャー・ミッドランド)
　　　ドイツ(ルール・ザール)
　　　フランス(ロレーヌ)

　②原料輸入に便利な臨海地域に立地
　　鉄鋼：ダンケルク・フォス(フランス)，タラント(イタリア)など
　　石油化学：ロッテルダム(オランダ)，ルアーヴル・マルセイユ(フランス)など
　③大都市に立地
　　各種消費財・先端技術産業：ロンドン・パリ
　④EU諸国における分業による航空機製造
　　EU各国(部品製造)→最終組み立て：トゥールーズ(フランス)

(3) ヨーロッパの統合

1952年	ヨーロッパ石炭鉄鋼共同体(ECSC)
1958年	ヨーロッパ経済共同体(EEC)
↓	ヨーロッパ原子力共同体(EURATOM)
1967年	ヨーロッパ共同体(EC)
	資本・商品・労働力の移動自由化,
↓	共通関税，共通農業政策など
1993年	ヨーロッパ連合(EU)
	共通通貨(EURO)の発行など

[EC結成国]　6カ国
ドイツ・フランス・イタリア
ベネルクス三国（ベルギー・
オランダ・ルクセンブルク）
[その後の加盟国]
EC期：6カ国，EU期：3カ国
2004年：10カ国加盟
2007年：2カ国加盟
2013年：1カ国加盟

(4) その他の重要事項
　①スイス：公用語(ドイツ語・フランス語・イタリア語・ロマンシュ語)・ILO・
　　永世中立国・国際赤十字本部・精密機械工業・銀行・アルプス山脈
　②パリ：城壁都市・セーヌ川・シテ島・ルーブル美術館・凱旋門・エッフェル塔
　③ロンドン：テムズ川・シティ・グリニッジ天文台・ウィンブルドン・田園都市構
　　想・ニュータウン・レッチワース・ケンブリッジ・オックスフォード

66

スピード・チェック **16** ヨーロッパ

1. (¹　)～(¹⁵　)にあてはまる語句を答えよ。[語群]から選べ。

　ヨーロッパはユーラシア大陸の一部で，西に大西洋がひろがる。ヨーロッパは(¹　)海峡をはさんでアジアと接し，(²　)をはさんでアフリカと対している。(³　)海峡はヨーロッパとアフリカとの間にある。イギリスは(⁴　)海峡によってヨーロッパの大陸部分と切り離されているが，鉄道海底トンネルの完成で陸上交通で結ばれるようになった。

　ヨーロッパの地形は北半部と南半部とで大きく違う。北半部は安定陸塊と古期造山帯が多い。パリ盆地には安定陸塊上の侵食地形の一つである(⁵　)がみられ，ロレーヌ地方では(⁶　)が産出される。イギリスの(⁷　)山脈は古期造山帯に属し，周辺では(⁸　)がたくさん産出される。この鉱産物は同じく古期造山帯地域にあるドイツの(⁹　)地方・ザール地方でも産出が多い。また，北半部はかつて大陸氷河におおわれ，U字谷・モレーンをはじめ，さまざまの氷河地形がみられる。スカンディナヴィア半島西海岸の出入りのはげしい海岸も，(¹⁰　)とよばれる氷河地形である。南半部は新期造山帯の地域が多い。フランス・スペイン国境地域に連なる(¹¹　)山脈や，スイス・オーストリアを中心に連なる(¹²　)山脈は新期造山帯に属する山脈である。スイスからドイツを通り，オランダで(¹³　)へ流れ込む(¹⁴　)川，ドイツからオーストリア，東ヨーロッパ諸国を通り，黒海に流れ込む(¹⁵　)川は，いずれも重要な河川交通路となっている。

[語群]　ペニン　　ライン　　ボスポラス　　フィヨルド　　石炭　　ルール
　　　　地中海　　ジブラルタル　　アルプス　　ドーヴァー　　ピレネー
　　　　ドナウ　　ケスタ　　鉄鉱石　　北海

2. (¹⁶　)～(²⁹　)にあてはまる語句を答えよ。[語群]から選べ。

　ヨーロッパはアルプス山脈をはさんで北と南とで気候が大きく違う。北側の北西ヨーロッパは大西洋を流れる暖流(北大西洋海流)と(¹⁶　)の影響を受けて，冬は緯度のわりには気温が下がらず，夏は涼しい。(¹⁷　)気候となっている。そのため農作物の栽培にはかならずしも適さず，冬作・夏作・休閑と，三年で一まわりさせていく(¹⁸　)農業が生み出され，これが発展して，食料作物・飼料作物の栽培と家畜の飼育を組み合わせた(¹⁹　)農業が成立した。また，都市地域が発達しているため，それと結びついた(²⁰　)農業や，乳牛を飼って乳製品を生産する(²¹　)がさかんで，(²²　)はバターやチーズの輸出量が多い。アルプス山脈の南側は(²³　)気候で，夏は気温が上がり，乾燥する。(²⁴　)やぶどうが多く生産され，イタリア・フランスではぶどうからつくられる(²⁵　)の生産がとくに多い。ローヌ川沿いに，おもに冬に吹く寒冷な北風を(²⁶　)，アドリア海沿岸に，おもに冬に吹く寒冷な北東風を(²⁷　)，地中海沿岸におもに春に吹く高温多湿な南風を(²⁸　)，アルプス地方で山地を南から吹きおろす高温乾燥風を(²⁹　)とよばれる。

[語群]　園芸　　偏西風　　酪農　　地中海性　　フェーン　　オランダ
　　　　ワイン　　ミストラル　　ボラ　　シロッコ　　混合　　西岸海洋性
　　　　三圃式　　オリーブ

16 ヨーロッパ

3. (30)～(37)にあてはまる語句を答えよ。[語群]から選べ。

北・西ヨーロッパは(30)系民族，南ヨーロッパは(31)系民族，東ヨーロッパでは(32)系民族が多い。宗教的にも，キリスト教ではあるが，北・西ヨーロッパにはプロテスタント，南ヨーロッパには(33)教徒，東ヨーロッパにはギリシャ正教徒が多い。アイルランド・ウェールズ・スコットランド・ブルターニュなどには先住の(34)系民族が住み，アイルランド北部では長いあいだ独立を求めてイギリス系住民と激しく対立してきた。(35)ではオランダ語・ドイツ語とフランス語が，(36)ではドイツ語・フランス語・イタリア語・ロマンシュ語が公用語である。ハンガリーの(37)人や，フィンランドのフィン人は，もともとアジア系の民族である。

[語群] ラテン　ベルギー　ゲルマン　マジャール　スラブ　カトリック　スイス　ケルト

4. (38)～(51)にあてはまる語句を答えよ。[語群]から選べ。

イギリスでは18世紀後半，世界に先がけて産業革命が始まった。産業革命は綿工業から始まり，ペニン山脈西側の(38)地方の町(39)がその中心となり，工業都市として急速に発達した。原料の綿花は(40)やアメリカから輸入され，(41)港に陸あげされた。やがてペニン山脈の東側の(42)地方で羊毛工業が発達。また，ペニン山脈南の(43)地方では鉄鋼業が発達した。ドイツの(44)地方も(45)・ドルトムントを中心に鉄鋼業をはじめとする重工業が発達した。これらの四つの地方に工業が発達した要因として(46)がたくさんとれたことがあげられる。イタリアでは(47)・ミラノ・ジェノヴァの「三角地帯」に工業が発達した。第二次世界大戦後，重工業における原料の海外依存が高まり，フランスの(48)・フォス，イタリアの(49)などに鉄鋼業，オランダのロッテルダム，フランスの(50)などに石油化学工業と，臨海部に工業が発達するようになった。また，(51)・パリなど大都市の電子工業が発達した。

[語群] ダンケルク　ヨークシャー　ロンドン　トリノ　ランカシャー　ルール　タラント　石炭　ルアーヴル　エッセン　ミッドランド　インド　リバプール　マンチェスター

5. (52)～(58)にあてはまる語句を答えよ。[語群]から選べ。

ヨーロッパの統合は1952年のECSC（ヨーロッパ石炭鉄鋼共同体）の結成に始まる。長い間，フランスとドイツの間で領土紛争の一因となってきたロレーヌ地方の鉄鉱石と，ルール地方・(52)地方の石炭を共同利用し鉄鋼生産を発展させることが目的であった。1958年には資本・(53)・労働力の移動自由化や共通農業政策等を進める(54)と，EURATOMが結成され，1967年にはECSCも含めて，EC（ヨーロッパ共同体）が発足した。EC加盟国はフランス・ドイツ・イタリアと(55)というECSC結成当時からの国々であったが，その後，(56)など6カ国が加盟し，12カ国となった。EC諸国はさらに国ごとにちがう(57)を統一することなどをめざして，1993年，(58)を結成。その後16カ国が加盟し，28カ国になった。

[語群] EEC　イギリス　ザール　ベネルクス三国　商品　EU　通貨

17　旧ソビエト連邦

1　概観

ポイントはこれだ☆　中央アジアは乾燥帯。ロシアは全般に冷涼，北部は寒帯。農牧業は気候と関連づけて，工業は炭田・鉄山と関連づけて覚えること。

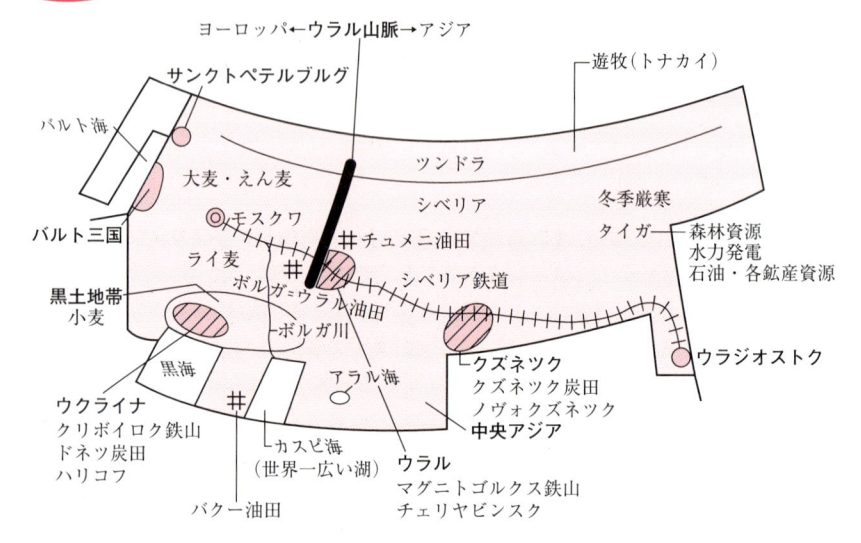

```
         ヨーロッパ←ウラル山脈→アジア
   サンクトペテルブルグ              遊牧（トナカイ）
バルト海
                    ツンドラ
バルト三国  大麦・えん麦      シベリア            冬季厳寒
         ◎モスクワ  ＃チュメニ油田          タイガ
         ライ麦                              森林資源
黒土地帯        ＃ボルガ=ウラル油田 シベリア鉄道        水力発電
  小麦    ボルガ川                            石油・各鉱産資源
         アラル海  ＃クズネック                ウラジオストク
黒海                 クズネック炭田
ウクライナ              ノヴォクズネック
クリボイロク鉄山  カスピ海   中央アジア
ドネツ炭田     (世界一広い湖)
ハリコフ      バクー油田  ウラル
                       マグニトゴルスク鉄山
                       チェリヤビンスク
```

2　中央アジア

乾燥帯：砂漠・ステップ，オアシス，綿花，遊牧（羊）

イスラム教：モスク（礼拝堂）

シルクロードの拠点都市：サマルカンドなど

トルコ語系：トルクメニスタン・カザフスタン・キルギス・ウズベキスタン

ペルシャ語系：タジキスタン

カザフスタン：アルマティ（旧首都），アスタナ（新首都）

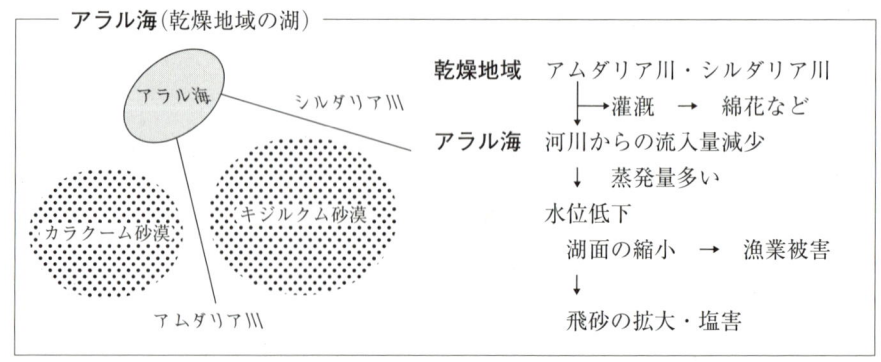

アラル海（乾燥地域の湖）

```
    アラル海
         シルダリア川
  カラクーム砂漠  キジルクム砂漠
        アムダリア川
```

乾燥地域　アムダリア川・シルダリア川
　　　　　　　↓→灌漑　→　綿花など
アラル海　河川からの流入量減少
　　　　　　　↓　蒸発量多い
　　　　　　水位低下
　　　　　　　↓
　　　　　　湖面の縮小　→　漁業被害
　　　　　　　↓
　　　　　　飛砂の拡大・塩害

3 ロシア連邦

> **ポイントはこれだ☆** ソビエト連邦の成立と解体の略史を理解して，現在のロシア連邦をみること。環日本海は新しいテーマ。

(1) 略史　ソビエト連邦の成立と解体

ロシア帝国 ──**ロシア革命**(1917年)──→ソビエト連邦──→**解体**(1991年)

1917年　ロシア革命
　　　　ロシア帝国崩壊，ロシアにソビエト政権誕生

1922年　ロシア＝ソビエト中心にソビエト連邦結成
　　　　(1940年までに15カ国加盟)→面積2240万km²(世界一)
　　　　　土地国有化，計画経済(**5カ年計画**)
　　　　　農業集団化(集団農場：**コルホーズ**，国営農場：**ソフホーズ**)
　　　　　コンビナート建設(石炭産地＋鉄鉱産地→鉄鋼→機械)

1985年～　ペレストロイカ(建て直し)
　　　　消費財の不足・自由抑圧などに対する不満の解決をはかる

1991年　ソビエト連邦解体
　　　　15共和国のソビエト連邦からの離脱
　　　　市場経済への移行　→　経済混乱，生活不安定
　　　　コメコン(ソ連と東ヨーロッパ諸国の経済協力同盟)解散
　　　　ワルシャワ条約機構(ソ連と東ヨーロッパ諸国の政治軍事同盟)解散
　　　　バルト三国(エストニア・ラトビア・リトアニア)：EU(2004年加盟)

(2) ロシア連邦

面積：1700万km²(**世界一**)　人口：1億4000万人　公用語：ロシア語
首都：モスクワ……クレムリン宮殿・赤の広場・聖ワシリー寺院
宗教：ギリシャ正教(ロシア正教)　イスラム教の多い地域もある
多民族国家：ロシア共和国のほか，21共和国・1自治州・4自治管区
　　　　　→　一部にロシア連邦からの離脱の動き
ライ麦・大麦・えん麦・天然ガス・ニッケル……生産世界一

(3) 環日本海の視点

［ユーラシア大陸に立って日本をみると］

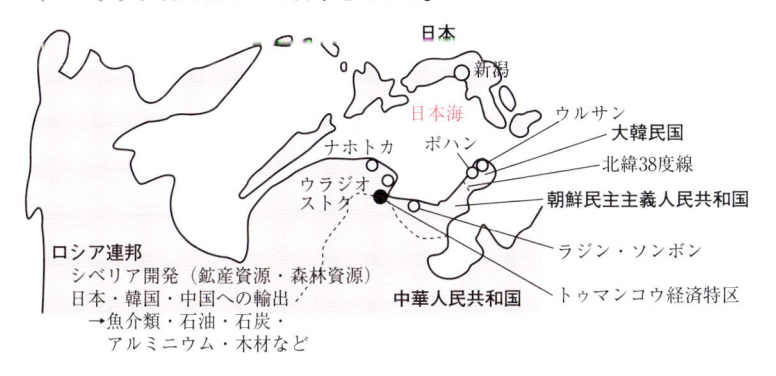

日本
新潟
日本海
ウルサン
ナホトカ
ポハン
大韓民国
北緯38度線
ウラジオストク
朝鮮民主主義人民共和国
ラジン・ソンボン
ロシア連邦
　シベリア開発（鉱産資源・森林資源）
　日本・韓国・中国への輸出
　　→魚介類・石油・石炭・
　　　アルミニウム・木材など
中華人民共和国
トゥマンコウ経済特区

スピード・チェック　17　旧ソビエト連邦

1. (1　)〜(14　)にあてはまる語句を答えよ。[語群]から選べ。

　旧ソビエト連邦の領域はユーラシア大陸の北部から中央部にかけての広大な地域にひろがっている。古期造山帯の(1　)山脈がヨーロッパ・アジアの境界となっている。
　ヨーロッパ地域は安定陸塊の地域が多く，平原がひろがり，そのなかを(2　)川が，世界で一番大きな湖である(3　)へ流れ込んでいる。全般に冷涼で，(4　)・大麦・えん麦などが栽培されている。南の(5　)沿岸は比較的温暖で，チェルノーゼムとよばれる(6　)が多いため肥沃で，(7　)の主産地となっている。
　アジア地域のうちシベリアは中心部が安定陸塊で，低地や高原となっている。全般に冷涼で，冬季には「極寒の地」となる。(8　)とよばれる広大な針葉樹林帯がひろがり，そのなかをモスクワとウラジオストクを結ぶ世界最長の(9　)鉄道が通っている。中央アジアは内陸にあるため，降水量が少なく，砂漠や(10　)がひろがっている。羊などの(11　)がおこなわれているほか，灌漑施設の整備によって(12　)なども栽培されている。南部は新期造山帯のけわしい山脈が連なっている。
　北極海沿岸地域は(13　)気候で，農作物の栽培はできないため，(14　)の遊牧などがおこなわれている。

[語群]　ウラル　ライ麦　黒土　シベリア　ボルガ　タイガ　カスピ海
　　　　ツンドラ　黒海　小麦　綿花　トナカイ　ステップ　遊牧

2. (15　)〜(26　)にあてはまる語句を答えよ。[語群]から選べ。

　皇帝・貴族・地主が支配したロシア帝国では，多くの農民が重税と借金に苦しんでいた。その帝国も1917年の(15　)によって倒れ，ソビエト政府が樹立された。その後，ロシアを中心にソビエト連邦が結成され，40年には加盟国は15共和国に達した。
　ソビエト連邦では，土地を(16　)し，産業を集団化し，(17　)などの計画経済を実施した。とくに農業は集団農場である(18　)と，国営農場である(19　)に組織された。工業は重工業の発達が優先され，鉄鉱石と(20　)の産地を結びあわせて鉄鋼を生産し，さらに機械工業を生み出していく(21　)方式が実施された。寒さのきびしい(22　)や，乾燥した(23　)などの資源開発・農業開発も進められた。
　第二次世界大戦後，アメリカ合衆国と並ぶ大国として，政治的・経済的に世界に大きな影響を与えたが，国内生産の伸びなやみ，とりわけ(24　)の不足，きびしい規制などに対する不満から，その改革を求める声が大きくなった。このような世論を背景に登場したゴルバチョフによって，1985年，(25　)が始められると，改革の速度はますます速くなって，1991年，(26　)のソビエト連邦離脱をきっかけに，ロシアも離脱するに至って，ついにソビエト連邦は解体し，15の共和国に分裂した。

[語群]　コルホーズ　ソフホーズ　コンビナート　国有化　ペレストロイカ
　　　　ロシア革命　バルト三国　石炭　中央アジア　シベリア
　　　　5カ年計画　消費財

17 旧ソビエト連邦　71

3. (27)～(35)にあてはまる語句を答えよ。[語群]から選べ。

　ロシアはソ連時代にくらべ面積が減少したが，それでも世界1位である。(27)はソ連時代から引き継いで首都である。公用語は(28)語で，宗教的には(29)が大きな影響力をもっている。ロシアのなかにもたくさんの民族が住み，(30)を信仰する人が多い民族もある。

　ウラル山脈周辺では(31)の産出が多い。また，鉄鉱石の産出も多く，(32)やマグニトゴルスクなどで鉄鋼業が発達している。クズネツクは(33)の産出が多く，ソ連時代から，ノヴォクズネツクなどを中心に鉄鋼業が発達している。

　黒海の北にひろがるウクライナでは，(34)鉄山と(35)炭田を結びつけて，ソ連時代にコンビナートが形成された。

[語群]　ドネツ　モスクワ　クリボイロク　チェリヤビンスク　ロシア
　　　　石炭　イスラム教　ギリシャ正教　石油

4. (36)～(38)にあてはまる地下資源を答えよ。[語群]から選べ。

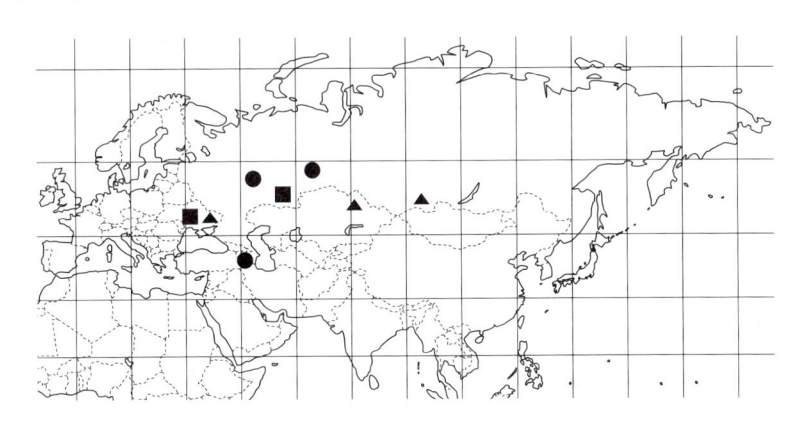

●(36)　▲(37)　■(38)

[語群]　石炭　石油　鉄鉱石

5. (39)～(43)にあてはまる語句を答えよ。[語群]から選べ。

　日本海のまわりには，日本・ロシア・朝鮮民主主義人民共和国・(39)の四カ国がある。タタール海峡(間宮海峡)，宗谷海峡，北海道と本州の間の(40)海峡，対馬海峡の四つの海峡によって，オホーツク海・太平洋・東シナ海とつながっているが，日本海はほとんど湖のように陸地に囲まれている。第二次世界大戦後，東西対立などで，環日本海の国々はじゅうぶんに交流することができなかったが，今後，経済交流，文化交流の発展が期待される。(41)は日本海に面してはいないが，歴史的には深い関わりをもち，環日本海諸国の一つとみることができる。日本海を横断してロシアと日本を結ぶ航路はいくつかあるが，主要な航路はロシアの(42)と日本の(43)を結んでいる。

[語群]　新潟　津軽　ナホトカ　中華人民共和国　大韓民国

18 アングロアメリカ(北アメリカ)

1 自然と人びと

ポイントはこれだ☆ 地形は西と東に山脈，中央が平原。気候は熱帯から寒帯まで帯状に分布。西経100度から西側は降水量が少ない。

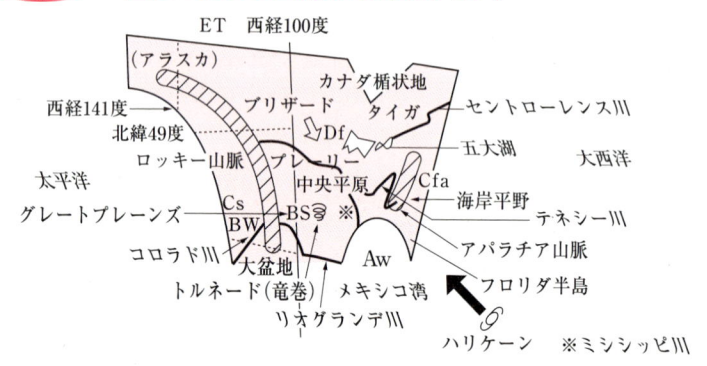

(地図：ET 西経100度、アラスカ、西経141度、北緯49度、カナダ楯状地、タイガ、ブリザード、Df、セントローレンス川、五大湖、大西洋、ロッキー山脈、プレーリー、中央平原、Cfa、海岸平野、太平洋、Cs、BS、テネシー川、グレートプレーンズ、BW、Aw、アパラチア山脈、コロラド川、大盆地、トルネード(竜巻)、メキシコ湾、フロリダ半島、リオグランデ川、ハリケーン、※ミシシッピ川)

① **先住民族** インディアン，北部：イヌイット(エスキモー)
② **奴隷** 黒人(1863年，奴隷解放令)
③ **移民** 初期：アングロサクソン系民族(イギリス)優位に，フランス※
　　　　18〜19世紀：ヨーロッパ各地　1980年代：ヒスパニック
　　※カナダでは英仏系住民対立(ケベック州：仏系住民が多い)→「多文化政策」へ転換

2 産業

ポイントはこれだ☆ 農牧業地域の区分は重要。地域的に特色がはっきりしている。鉱工業はアメリカ合衆国北東部に発達。主要工業都市・工業は覚えること。

(1) 農牧業
① 農牧業地域

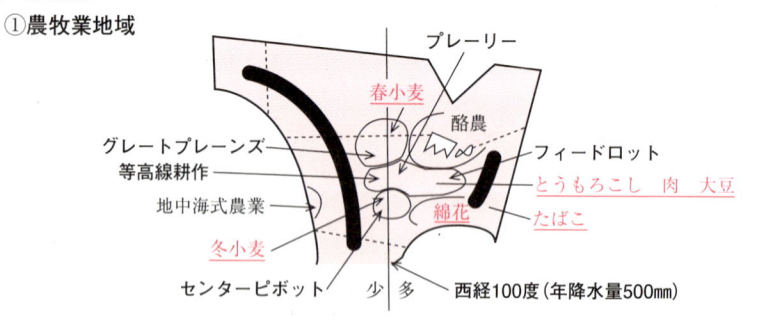

(地図：プレーリー、春小麦、酪農、グレートプレーンズ、フィードロット、等高線耕作、とうもろこし　肉　大豆、地中海式農業、綿花、たばこ、冬小麦、センターピボット、少　多、西経100度(年降水量500mm))

② 巨大穀物商社(穀物メジャー)
　　流通機構を支配
　　　買付け・集荷・貯蔵(カントリーエレベータ・ターミナルエレベータ・
　　　シーポートエレベータ)・輸送・販売

18 アングロアメリカ（北アメリカ）

アグリビジネス
　研究開発：バイオテクノロジー → ハイブリッド(雑種第一代の優良品種)
　　種子・ひな・農薬・化学肥料・農業資材などの生産・販売，食品加工・販売
③過剰生産
　農産物輸入国　　EU諸国→EUにおける食料自給政策 ──┐　アメリカ合衆国
　　　　　　　　　日本 ←──────輸入拡大の圧力──　［生産過剰］→ 減反
　農産物輸出国　　オーストラリア ⎱ アメリカ合衆国の　　　　　　　　　農場倒産
　　　　　　　　　タイ　　　　 ⎰ 有力な競争相手に

(2) 鉱工業
①工業地域と地下資源産地

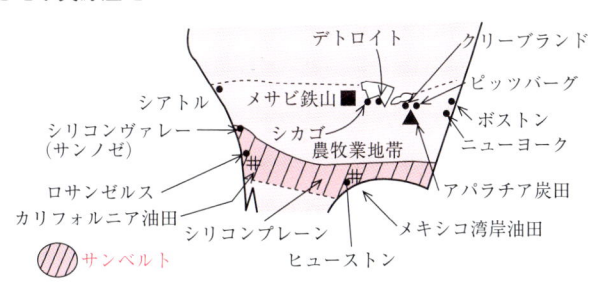

　　　　　　　　　　　　　　デトロイト　　クリーブランド
　　　　　　　　　　　　　　　　　　　　　　ピッツバーグ
　　　　シアトル　　　メサビ鉄山　　　　　　ボストン
　シリコンヴァレー　　　シカゴ　　　　　　　ニューヨーク
　　（サンノゼ）　　　　　　農牧業地帯
　　ロサンゼルス　　　　　　　　　　　アパラチア炭田
　カリフォルニア油田　シリコンプレーン　メキシコ湾岸油田
　　　　　　　　　　　　　　　ヒューストン
　　　　　　　　サンベルト

②自動車工業
　オイルショック(1973年)以後：日本車の輸入急増
　1980〜1993年：自動車生産で**日本**が**世界1位**→自動車をめぐる**日米貿易摩擦**
　　　　　　　→日本の自動車企業，アメリカでの生産に力を入れる
　1994年〜：自動車生産で**アメリカ**再び**世界1位**(2009年〜中国が世界1位)
③先端技術産業 ────── 生産　世界1位
　航空機・宇宙開発関連産業・エレクトロニクス産業(コンピュータ・電子機器)
　サンベルトに発達：**シリコンヴァレー・シリコンプレーン**など

(3) 地域の特色

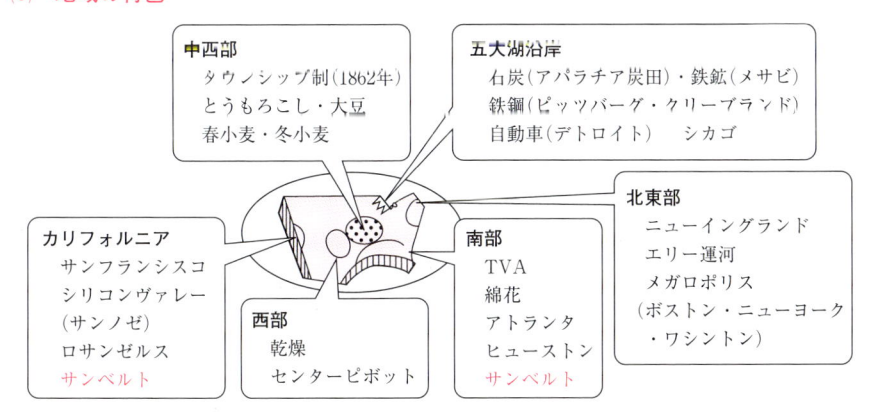

中西部
　タウンシップ制(1862年)
　とうもろこし・大豆
　春小麦・冬小麦

五大湖沿岸
　石炭(アパラチア炭田)・鉄鉱(メサビ)
　鉄鋼(ピッツバーグ・クリーブランド)
　自動車(デトロイト)　シカゴ

カリフォルニア
　サンフランシスコ
　シリコンヴァレー
　（サンノゼ）
　ロサンゼルス
　サンベルト

西部
　乾燥
　センターピボット

南部
　TVA
　綿花
　アトランタ
　ヒューストン
　サンベルト

北東部
　ニューイングランド
　エリー運河
　メガロポリス
　（ボストン・ニューヨーク
　・ワシントン）

18 アングロアメリカ（北アメリカ）

1. (1)〜(25)にあてはまる語句を答えよ。[語群]から選べ。

　北アメリカは、北に北極海、南に(1)、東に(2)、そして西には(3)に接している。北部から中央部にかけては安定陸塊が広がり、とくに北部はカナダ(4)となっている。(5)鉄山をはじめ鉄鉱石の産地がある。大西洋側には古期造山帯の(6)がはしり、(7)の産地がある。太平洋側には新期造山帯の(8)がはしり、その周辺のカリフォルニアやテキサスなどでは(9)がたくさん産出される。中央部は大平原となり、長草草原の(10)や、短草草原の(11)などがみられる。多くの河川を集めながら、長大な(12)が流れている。

　北アメリカの北極海沿岸地域の気候は(13)であるが、カナダの大部分の地域は(14)気候で、(15)とよばれる広大な針葉樹林帯が広がっている。冬には(16)とよばれる冷たい強風が北極海の方から吹く。(17)とよばれる五つの大きな湖は、氷河堆積物のうしろに水がたまってできた氷河湖である。

　北緯(18)度線は、アラスカ州を除くアメリカ合衆国とカナダの西半部の国境となっている。また、リオグランデ川はアメリカ合衆国と(19)の東半部の国境になっている。メキシコ湾の方から北上する熱帯低気圧は(20)とよばれ、しばしば大きな被害を出す。(21)とよばれる竜巻も大きな被害を与え、おそれられている。

　西経(22)度以西は年降水量500mm未満の地域が多く、(23)の気候となっている。太平洋側にあるサンフランシスコも、大西洋側にあるニューヨークもともに温帯の気候であるが、サンフランシスコは(24)、ニューヨークは(25)と、違いがみられる。

[語群]　ロッキー山脈　　大西洋　　プレーリー　　石油　　アパラチア山脈
　　　　石炭　　グレートプレーンズ　　メサビ　　ミシシッピ川　　楯状地
　　　　メキシコ湾　　乾燥帯　　亜寒帯　　寒帯　　ハリケーン　　ブリザード
　　　　タイガ　　メキシコ　　100　　49　　トルネード　　五大湖
　　　　地中海性気候　　温暖湿潤気候　　太平洋

2. (26)〜(31)にあてはまる語句を答えよ。[語群]から選べ。

　北アメリカは、17世紀になって、ヨーロッパ、とりわけフランス・イギリスから移民が来るようになり、とくにアングロサクソン系民族のイギリス人移民が優位を占めたので、アングロアメリカとよばれる。先住民は(26)、北部の寒冷地の人びとは(27)とよばれる。アメリカ合衆国は1776年、イギリス植民地住民が独立を宣言して成立した。カナダでは長いあいだ英仏系住民の対立が続き、フランス系の多い(28)州ではたびたび独立の動きがみられた。現在では英語、(29)語ともに公用語として認められている。アメリカ合衆国南部は(30)を奴隷として使用して、大農園経営がおこなわれてきた。1863年に奴隷は解放されたが、その後も白人による差別は続いた。アメリカ合衆国にはさまざまな人種・民族が住んでいるが、近年、(31)とよばれる、スペイン語を母国語とする中南アメリカ出身者が急増している。

[語群]　ケベック　　フランス　　インディアン　　ヒスパニック　　イヌイット　　黒人

18　アングロアメリカ（北アメリカ）

3. (32)〜(36)にあてはまる語句を答えよ。[語群]から答えよ。

　アメリカ合衆国の開発は東から西にむかって進んだ。農業は南部で発達し、たばこ、(32　)などヨーロッパ向け農産物がつくられた。南北戦争以後はホームステッド法にもとづき、中央部の開拓が進み、(33　)をはじめ大豆・とうもろこしなどの大産地が形成され、また(34　)などがたくさん飼育されるようになった。アメリカ合衆国における産業革命はボストンから始まり、南北戦争以後(35　)沿岸地域でも工業が発達した。西部・南部は(36　)とよばれるが、工業化は遅く、第二次世界大戦頃からである。

[語群]　小麦　サンベルト　肉牛　五大湖　綿花

4. (37)〜(44)の説明にあてはまる地域を、地図のA〜Hで答えよ。

- (37　)春小麦がたくさん生産される。
- (38　)とうもろこし・大豆などがたくさん生産される。肉の生産が多く、フィードロットがみられる。
- (39　)オレンジ・ぶどうなどがたくさん生産される。ロサンゼルスでは航空機・石油化学工業がさかん。シリコンヴァレーがある。サンベルトに属する。
- (40　)ピッツバーグの鉄鋼、デトロイトの自動車工業が有名。メサビ鉄山・アパラチア炭田もある。シカゴには穀物市場があり、酪農もさかん。
- (41　)フランス系住民が多い。モントリオールはこの地域の商工業の中心。
- (42　)サンベルトに属する。エレクトロニクス産業がさかん。石油産出も多く、ヒューストンなどで石油化学工業が発達。綿花が多く生産され、かつて黒人奴隷を使用。
- (43　)冬小麦がたくさん生産される。湿潤地域の起伏のある耕地には等高線耕作もみられ、また、乾燥地域ではセンターピボットがみられる。
- (44　)商工業が発達。ボストン・ニューヨークからワシントンにかけメガロポリス形成。

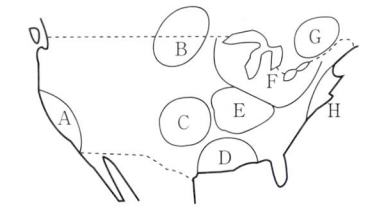

5. (45)〜(50)の語句を答えよ。[語群]から選べ。

　アメリカ合衆国は農業生産も工業生産もきわめて多い。先端技術は宇宙開発や(45　)ばかりでなく、農業生産においても(46　)など、各分野にみられる。自動車生産は(47　)以降の日本車の輸入急増によってのびなやみ、1980年には自動車生産世界一の座を日本にゆずることになった。農産物の国内流通と輸出に大きな力をもつ巨大な穀物商社は(48　)とよばれる。EC（現EU）諸国の食糧自給政策、オーストラリアなどの農産物輸出の急増により、アメリカ合衆国はますます生産過剰におちいった。アメリカ合衆国は日本に対して、自動車の対米輸出の規制を強く求めるとともに、農産物をさらに輸入するよう求めた。こうした(49　)によって、日本の自動車企業はアメリカでの現地生産に力を入れ、一方、日本政府は農産物輸入をさらに強め、(50　)の輸入自由化にもふみきった。アメリカ合衆国は、1994年以来、再び自動車生産で世界一の座についた※。

[語群]　バイオテクノロジー　米　穀物メジャー　日米貿易摩擦
　　　　エレクトロニクス産業　石油ショック　　　　（※2009年から中国が1位）

19 ラテンアメリカ(中南アメリカ)

1 概観

ポイントはこれだ☆ 草原などの名称と気候を関連づけて覚える。スペイン語が公用語で、カトリックの国が多い。人種分布と混血について覚えておくこと。

(1) 自然

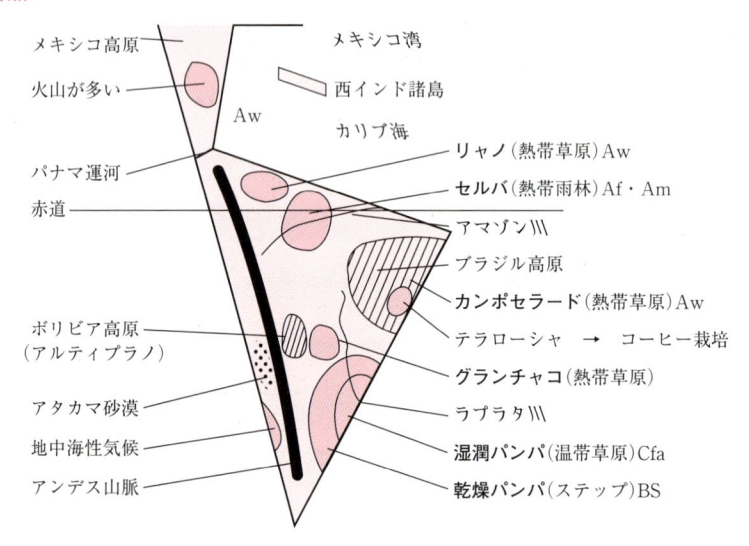

- メキシコ高原
- 火山が多い
- メキシコ湾
- 西インド諸島
- Aw
- カリブ海
- パナマ運河
- リャノ(熱帯草原)Aw
- 赤道
- セルバ(熱帯雨林)Af・Am
- アマゾン\\\
- ブラジル高原
- カンポセラード(熱帯草原)Aw
- ボリビア高原(アルティプラノ)
- テラローシャ → コーヒー栽培
- グランチャコ(熱帯草原)
- アタカマ砂漠
- ラプラタ\\\
- 地中海性気候
- 湿潤パンパ(温帯草原)Cfa
- アンデス山脈
- 乾燥パンパ(ステップ)BS

(2) 住民

①**人種**　先住民（インディオ）………インカ帝国・アステカ帝国
　　　　メスチソ　　　サンボ　（現ペルー）（現メキシコ）
　　移民(白人)――――奴隷(黒人)
　　　　　　　ムラート

白人が多い：アルゼンチン・キューバなど
インディオが多い：ペルーなど
黒人が多い：ジャマイカ・ハイチなどカリブ海地域
メスチソが多い：メキシコ・チリなど

②**宗教**　ほとんどの国が**カトリック**
③**言語**　ほとんどの国が**スペイン語**
　ブラジルはポルトガル語
　カリブ海地域(黒人の多い国)は英語
　ハイチはフランス語・クレオール語
　※クレオール語：スペイン語・フランス語・英語などが先住民によってくずされ、形成された言語

アングロアメリカとラテンアメリカ

16世紀にヨーロッパからアメリカ大陸への移民が始まったが、北アメリカではイギリス人(ゲルマン系民族の中のアングロサクソン系民族)が大きな力をもつようになり、「アングロアメリカ」とよばれる。これに対し今日のメキシコから南の中南アメリカでは、スペイン人(ラテン系民族)が大きな力をもつようになり、「ラテンアメリカ」とよばれる。スペイン語を話し、宗教的にはキリスト教の中でもカトリックの人が多い。しかし実際には、左に記したように、さまざまな人びとが居住し、地域によって特色があり、また融合した文化が見られる。

19 ラテンアメリカ（中南アメリカ） 77

(3) 大都市と都市問題
①大都市
メキシコシティ（メキシコ，首都）・リマ（ペルー，首都）
リオデジャネイロ（ブラジル）・サンパウロ（ブラジル）など

②都市問題
大都市地域における産業の発達→**農村地域との経済格差拡大**
→雇用の機会を求め，農村地域から人口流入→大都市における**人口急増**
→大気汚染・交通渋滞・**スラム街（ファベーラ）形成**・ストリートチルドレンの増加
などの都市問題発生，深刻化

2 産業

ポイントはこれだ☆ モノカルチャー経済の傾向がみられる。その国で生産・輸出される農鉱産物から，どこの国か判断できるようにすること。

(1) 植民地経済の影響残る
モノカルチャー経済の傾向が強い
　（少種類の農鉱産品が輸出の大半を占める）
大土地所有制が残る（ブラジル：**ファゼンダ**，アルゼンチン：**エスタンシア**）
工業製品の輸出が50％をこえる国（メキシコ・ブラジル＝NIEs）

(2) 各国の特色
[メキシコ]　銀（世界1位）・サイザル麻・石油，NAFTA（北米自由貿易協定）に加盟
　　　　　　マキラドーラ（保税輸出加工工業地域）：アメリカ合衆国との国境線沿い
　　　　　　に労働力指向型工業発達　首都メキシコシティ（高山都市，海抜2240m）
[コスタリカ]　バナナ　　[キューバ]　砂糖　　[ジャマイカ]　ボーキサイト
[コロンビア]　コーヒー　　[ガイアナ・スリナム]　ボーキサイト
[エクアドル]　バナナ（輸出世界1位）・石油（OPECからは脱退）
[ペルー]　銀・銅・フィッシュミール（アンチョビーの魚粉）
[ボリビア]　すず（ポトシ鉱山）　　[チリ]　銅鉱（チュキカマタ銅山）
[ベネズエラ＝ボリバル]　石油（OPEC加盟，マラカイボ油田）・鉄鉱
[ブラジル]　コーヒー（世界1位）・砂糖（世界1位）・大豆・オレンジ（世界1位）・
　　　　　　サイザル麻（世界1位）　　BRICSの一つ
　　　　　　鉄鉱（世界1位，**イタビラ鉄山**・カラジャス鉄山）・鉄鋼（イパチンガ）
[アルゼンチン]　企業的穀物農業：小麦→輸出，企業的放牧業：羊毛・牛肉→輸出

(3) アンデス山脈
高山気候：気候が垂直的に変化＝農牧業生産も垂直的に変化　　首都になっている高山都市

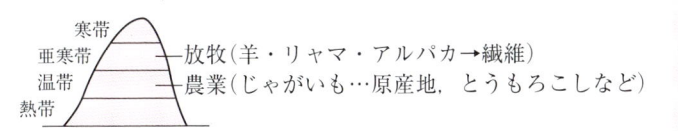

寒帯
亜寒帯 ─ 放牧（羊・リャマ・アルパカ→繊維）
温帯　 ─ 農業（じゃがいも…原産地，とうもろこしなど）
熱帯

サンタフェデボゴタ
　　（海抜2610m）
キト　（海抜2850m）
ラパス（海抜3690m）

スピード・チェック 19 ラテンアメリカ（中南アメリカ）

1. (1   )～(8   )にあてはまる語句を答えよ。[語群]から選べ。

　北アメリカの先住民が(1   )とよばれるのに対して，中南アメリカの先住民は(2   )とよばれる。中南アメリカへヨーロッパ人が移民を始めたのは16世紀で，主として(3   )が移民したためラテンアメリカとよばれ，今でも多くの国が公用語として(4   )を使用し，宗教的には(5   )教徒が多い。混血が進み，先住民と白人の混血は(6   )とよばれる。また，たくさんの黒人たちが(7   )から奴隷として連れてこられ，黒人と白人の混血は(8   )とよばれている。

[語群]　アフリカ　スペイン人　ムラト　インディアン　インディオ
　　　　メスチソ　カトリック　スペイン語

2. (9   )～(19   )にあてはまる語句を答えよ。[語群]から選べ。

　中南アメリカは大きく南アメリカと中央アメリカに分けられる。南アメリカは大陸で，その中核をなす安定陸塊はギアナ高地や(9   )高原となってあらわれている。(10   )が多く埋蔵され，ブラジルのカラジャス・(11   )などは産地として有名である。太平洋に沿って，新期造山帯に属する(12   )山脈が南北に連なる。この山脈では非鉄金属の生産が多く，とくにボリビアの(13   )鉱山はすずの産地として有名である。周辺地域では(14   )が埋蔵され，ベネズエラ＝ボリバルの(15   )はその産出が多い。ペルーからブラジルへ流れる(16   )川，ブラジルからアルゼンチンへ流れる(17   )川，南アメリカを代表する二つの大きな河川はともに安定陸塊上をゆるやかに流れている。南アメリカ大陸と北アメリカ大陸とは新期造山帯で結ばれている。両大陸の間の海にも新期造山帯が通り，西インド諸島などとなってあらわれている。海は北が(18   )湾，南が(19   )海とよばれている。

[語群]　石油　鉄鉱石　ブラジル　イタビラ　アマゾン　カリブ
　　　　アンデス　ポトシ　マラカイボ　ラプラタ　メキシコ

3. (20   )～(30   )にあてはまる語句を答えよ。[語群]から選べ。

　中南アメリカでは，赤道はアマゾン川流域を通っている。このアマゾン川流域では(20   )とよばれる熱帯雨林がひろがっている。その周辺地域は(21   )気候となり，北のオリノコ川流域では(22   )，南のブラジル高原では(23   )，パラグアイを中心とする地域では(24   )とよばれる熱帯草原がひろがっている。北回帰線の通るメキシコ，南回帰線の通るチリなどには乾燥気候がみられ，チリの(25   )砂漠は有名である。ラプラタ川下流域は温暖湿潤気候で，(26   )とよばれる温帯草原が，その周辺は(27   )とよばれるステップがひろがっている。アンデス山脈では(28   )気候がみられ，熱帯地域の場合，熱帯から寒帯まで垂直的に分布する。(29   )の原産地で，リャマ・(30   )など独特の家畜も飼育されている。

[語群]　グランチャコ　リャノ　アルパカ　セルバ　サバナ　カンポセラード
　　　　乾燥パンパ　湿潤パンパ　アタカマ　じゃがいも　高山

19 ラテンアメリカ（中南アメリカ）　79

4. (31)〜(43)にあてはまる語句を答えよ。[語群]から選べ。

　中南アメリカはヨーロッパ移民によって開発され、19世紀に独立した国が多いにもかかわらず、今でも植民地経済の影響が残っている。
　大土地所有制度が残り、大農園はブラジルでは(31)、アルゼンチンでは(32)とよばれている。熱帯地域では(33)農業がみられ、コロンビアで(34)、エクアドルで(35)の生産が多い。またアルゼンチンでは、湿潤パンパで(36)が発展し、小麦の生産が多く、乾燥パンパで(37)が発展して、羊毛・牛肉などの生産が多い。
　農鉱産品の輸出にかたよっている中南アメリカ諸国では、工業化によってモノカルチャー経済からの脱却をはかろうとしている。ブラジルはブラジル高原南部にひろがる(38)とよばれる土壌がコーヒーの栽培に適し、かつて「コーヒーモノカルチャー」とよぶにふさわしい状態であった。しかし、栽培される農産物の種類も増え、(39)に製鉄所ができるなど、工業化も進んでいる。メキシコでも、アメリカ合衆国との国境線沿いに(40)とよばれる保税輸出加工工業地域がつくられ、労働力指向型工業が発達している。
　工業化の進展などによる大都市における産業発展と、農村の貧困は、農村地域から大都市への人口移動をもたらし、大都市の人口は急増した。そのため、(41)の形成をはじめ、多くの都市問題が発生した。とくに、メキシコの首都(42)、ブラジルの(43)・リオデジャネイロなどは人口の増加もいちじるしく、問題も深刻である。

[語群]　バナナ　ファゼンダ　エスタンシア　イパチンガ　コーヒー
　　　　プランテーション　メキシコシティ　テラローシャ　企業的穀物農業
　　　　企業的放牧業　サンパウロ　スラム街　マキラドーラ

5. (44)〜(52)にあてはまる国名を答えよ。

(44) かつてアステカ帝国が栄えた。現在も銀の生産は世界1位で、石油・サイザル麻などの生産も多い。メスチソが多い。NAFTAに加盟している。

(45) カリブ海に浮かぶ島国。最高峰ブルーマウンテン一帯はコーヒーの産地。ボーキサイトの生産が多い。レゲエも有名。

(46) 砂糖の島として知られ、アメリカ合衆国の支配が強かったが、1959年の革命でソ連寄りとなった。たばこも有名。

(47) 「小ベニス」を意味する。石油の産出が多く、マラカイボ油田はとくに有名。オリノコ川流域にはリャノが広がる。

(48) 中南アメリカ最大の面積・人口を有する。ポルトガル語が公用語。1908年から日本人移住が始まった。首都は内陸に計画的につくられた。

(49) 温帯と乾燥帯の国。1870年代に冷蔵船がつくられ、肉類の輸出国となった。大土地所有制度はエスタンシアとよばれる。

(50) アタカマ砂漠やチュキカマタ銅山などがある細長い国。

(51) すず鉱山で知られるポトシ鉱山のある内陸国。

(52) インディオが多く、原産のじゃがいもの他、リャマ・アルパカなど独特の家畜もみられる。アンチョビーの漁獲量も多く、フィッシュミールがつくられる。

20 オセアニア

1　オセアニア

> **ポイントはこれだ☆** オセアニアの三つの地域が地図上でわかるようにしておくこと。ニュージーランドは温帯だが，南部に氷河地形がみられる。

(1)　**オセアニア**(**OCEANIA**)：「大洋(OCEAN)の地域」の意味

ポリネシア・ミクロネシア・メラネシアの三地域に区分

①**ポリネシア**　おおむね西半球の太平洋地域

　　ハワイ(アメリカ合衆国)，ムルロア環礁・タヒチ(フランス領)

②**ミクロネシア**　おおむね東半球の太平洋地域のうち，北半球の地域

　　グアム島・サイパン島(アメリカ合衆国領)

　　ナウル……リン鉱石

③**メラネシア**　おおむね東半球の太平洋地域のうち，南半球の地域

　　フィジー

　　ニューカレドニア島(フランス領)……ニッケル

④**共通点**

　　熱帯気候……ほぼ南北回帰線のあいだの地域

　　　　さんご礁：低平なさんご礁の島⇒海面上昇により水没の危機迫る

　　　　農産物：タロいも・ヤムいも・キャッサバ・バナナ・ココやし・パンの木

(2)　**ニュージーランド**

東半球にあるが，地域区分ではポリネシア

環太平洋造山帯の列島：地震，火山，地熱発電，3000m級の山脈(南島)

西岸海洋性気候：偏西風，南部にフィヨルド

南島：偏西風・山脈⇒西側(多雨・森林)，東側(少雨，牧羊)

マオリ族(先住民)，タスマン(1642年)・クック(1769年)来航→イギリス移民

三大都市：オークランド・ウェリントン(首都)・クライストチャーチ

かぼちゃ：日本の端境期(12〜5月)に輸出(日本のかぼちゃの輸入量の5割)

2　オーストラリア

> **ポイントはこれだ☆** 地形と関連づけながら，農業・鉱業生産を中心に地域の特色を覚えること。日本との関係も重要。

(1)　**開発の歴史**

オーストラリアは**大陸**であるが，地域区分ではオセアニアに属する

先住民族：アボリジニー

1770年：クック上陸(現在のシドニー付近)→イギリス移民

イギリス人移民(当初，流刑植民地)

　　羊(メリノ種)・小麦・金

　　白人以外の移民を禁止(**白豪主義**，1901年〜1958年)

→1965年政策転換(有色人種移民受入れ，**多文化主義**)
(2) **第二次世界大戦後**
　鉱産資源開発……鉄鉱石・石炭・ボーキサイトなど
　農牧業生産の多様化……さとうきび・肉牛
　アジアへの接近……日本が輸出相手国第1位に(農鉱産品の輸出多い)

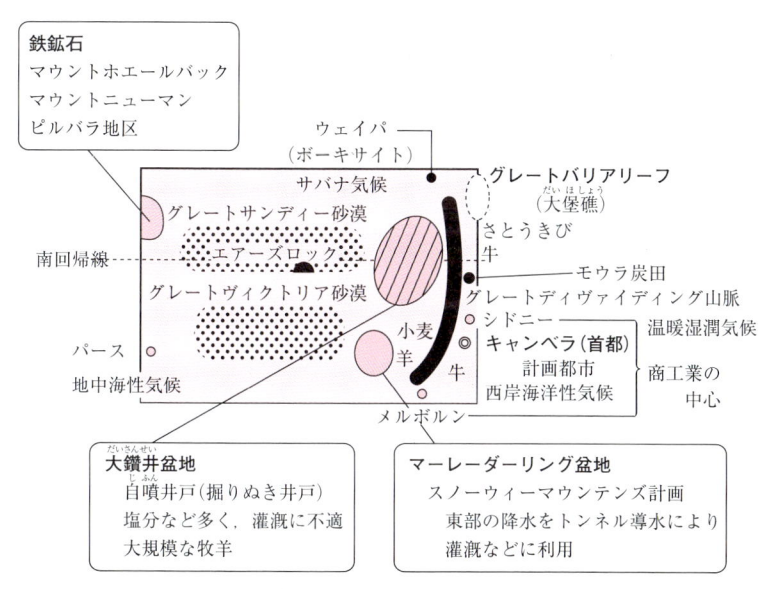

```
鉄鉱石
マウントホエールバック
マウントニューマン
ピルバラ地区
```
　　　　　　　　　　　　　　ウェイパ
　　　　　　　　　　　　　　(ボーキサイト)
　　　　　　　　　　　　　　　　　グレートバリアリーフ
　　　　　　　　　サバナ気候　　　　(大堡礁)
　　　グレートサンディー砂漠
南回帰線　　　エアーズロック　　　　　　さとうきび
　　　　　　　　　　　　　　　　　　　牛
　　グレートヴィクトリア砂漠　　　　モウラ炭田
　　　　　　　　　　　　　　グレートディヴァイディング山脈
　　　　　　　　　　　　シドニー　　　　温暖湿潤気候
　　パース　　　　　　小　キャンベラ(首都)
　　　　　　　　　　　麦　　　計画都市　　商工業の
　　　　　　　　　　　羊　牛　西岸海洋性気候　中心
　　地中海性気候
　　　　　　　　メルボルン

大鑽井盆地　　　　　　　マーレーダーリング盆地
　自噴井戸(掘りぬき井戸)　　スノーウィーマウンテンズ計画
　塩分など多く，灌漑に不適　　東部の降水をトンネル導水により
　大規模な牧羊　　　　　　　　灌漑などに利用

　　　　　　　企業的放牧業・企業的穀物農業

(3) **南半球の世界**
　北半球と季節が逆(最暖月：1～2月頃，最寒月：7月頃)
　北へ行くほど気温が高くなる。太陽の日差しは北向きからで，北風のほうが暖かい。

　マッカーサーの世界地図
　　(南極方向が地図の上の
　　　方，北極方向が地図の下
　　　の方：右の地図)

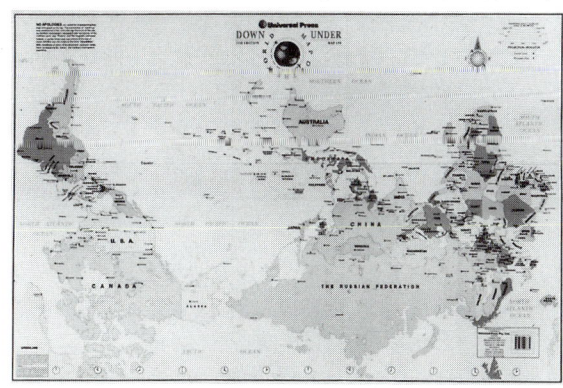

(4) **オーストラリアと日本**
　同じ東経135度上にある
　オーストラリアから日本へ
　の輸出額は，日本からの輸
　入額の2倍以上に達する。
　オーストラリアの輸出相手国：1位(中国)，2位(日本)
　　主要輸出品：鉄鉱石・石炭・金・液化天然ガスなど

82

スピード・チェック 20 オセアニア

1. (¹   )〜(¹⁰   )にあてはまる語句を答えよ。[語群]から選べ。

　オセアニアはほぼ南北回帰線のあいだの(¹　)地域で，気候はほとんど熱帯気候である。そのため，(²　)の島が多く，人びとは水産物の他，(³　)・ヤムいも・(⁴　)・バナナなどを食糧としている。ハワイ諸島は(⁵　)島である。
　オセアニアは大きく三つの地域に分けられる。おおむね西半球の地域は(⁶　)で，ハワイ・タヒチ・ムルロア環礁・サモア・トンガなどが属する。東半球のうち北半球の地域は(⁷　)で，グアム・サイパン・ビキニ島・ナウルなどが属する。東半球のうち南半球の地域は(⁸　)で，フィジー・ニューカレドニア・ニューギニア島などが属する。ニューカレドニア・タヒチ・ムルロア環礁などは現在，(⁹　)が領有している。
　ニュージーランドとオーストラリアもオセアニアの地域に含まれる。ニュージーランドの先住民は(¹⁰　)族であるが，オーストラリアとともにイギリス人が移民した。

[語群]　フランス　　メラネシア　　ミクロネシア　　タロいも　　ポリネシア
　　　　マオリ　　さんご礁　　火山　　キャッサバ　　太平洋

2. (¹¹   )〜(²⁰   )にあてはまる語句を答えよ。[語群]から選べ。

　オーストラリア大陸は大部分が安定陸塊で，東部に古期造山帯に属する(¹¹　)山脈が連なる。この山脈の東部にある(¹²　)は，クックが上陸して以来，イギリス移民の開発拠点として発達し，南部のメルボルンも同様に開発拠点として発達した。これらオーストラリアの二大都市のあいだにある首都(¹³　)は計画的につくられた都市である。東部は温暖湿潤気候であるが，メルボルンのある地域は(¹⁴　)気候となっている。この山脈の西側は年降水量500㎜以下の地域で，(¹⁵　)盆地では掘りぬき井戸の水を利用して大規模な牧羊・牧牛がおこなわれている。(¹⁶　)盆地ではスノーウィーマウンテンズ計画により，降水量の多い東部地域から導水して，灌漑に利用している。さらに西のグレートサンディー砂漠・(¹⁷　)砂漠は年降水量が250㎜より少ない。パース付近は(¹⁸　)気候で年降水量1000㎜をこえる地域もある。オーストラリアは南半球にあるため，北へ行くほど気温が高くなり，北部は(¹⁹　)気候で，北東部の海域には(²⁰　)とよばれる大規模なさんご礁がみられる。

[語群]　西岸海洋性　　グレートディヴァイディング　　サバナ　　シドニー
　　　　キャンベラ　　大鑽井　　グレートバリアリーフ　　グレートヴィクトリア
　　　　地中海性　　マーレーダーリング

3. (²¹   )〜(²⁸   )にあてはまる語句を答えよ。[語群]から選べ。

　オーストラリアの先住民は(²¹　)とよばれる。18世紀末からのイギリス人移民によって土地を追われ，その数は激減した。イギリス人移民を中心に開発が進められたオーストラリアでは，白人以外の移民を禁止し，「(²²　)」政策とよばれた。
　オーストラリアは鉱産資源の宝庫である。東部のモウラなどで(²³　)，南部のアイアンノブや西部のピルバラ地区・マウントニューマンなどで(²⁴　)，北部のウェイパなど

で(25　)の産出が多い。こうした鉱産資源の開発はとくに第二次世界大戦後進み，かつてオーストラリアの輸出の大半を占めた(26　)にかわって，鉱産物の輸出が増大した。
　オーストラリアはアジアとの結びつきを強めている。(27　)へ政策を転換し，有色人種の移民も受け入れている。(28　)はオーストラリアの輸出相手国として，輸出額第1位であったが，現在では2位になっている。

[語群]　石炭　　白豪主義　　ボーキサイト　　アボリジニー　　鉄鉱石　　羊毛
　　　　日本　　多文化主義

4. (29　)～(37　)の説明文が正しければ○，誤まりがあれば×で答えよ。
(29　)ニュージーランドは日本列島と同じ環太平洋造山帯にある列島である。
(30　)ニュージーランドの三大都市は，オークランド・ウェリントン・クライストチャーチである。
(31　)ニュージーランド南島は南緯40度より南にあり亜寒帯気候となっている。
(32　)ニュージーランド南島では氷河湖やフィヨルドがみられる。
(33　)オーストラリア・ニュージーランドとも一次製品の輸出が多いが，ニュージーランドはとくに鉱産品の割合が多い。
(34　)大鑽井盆地の地下水は塩分が多く，小麦栽培などには適さないが，羊の飲料水としては利用できる。
(35　)オーストラリアで多く飼育されている，乾燥に強い羊の種類はメリノ種である。
(36　)オーストラリアにおいて，企業的放牧業・企業的穀物農業・酪農の農業形態はみられるが，遊牧はみられない。
(37　)オーストラリアも日本も東経135度上にあるため，オーストラリアが夏の時，日本も夏である。

5. *(38　)～(41　)の語句を答えよ。[語群]から選べ。
[オーストラリアの主要輸出品割合]　2012年
(38　)22.0%,　(39　)16.6%,　金6.3%,　天然ガス5.4%,　石油4.4%
[オーストラリアの輸出相手国]　2012年
(40　)29.5%,　(41　)19.3%,　韓国8.0%
[語群]　鉄鉱石　　石炭　　肉類　　日本　　アメリカ合衆国　　中華人民共和国

6. *(42　)～(45　)の品目を答えよ。[語群]から選べ。
[日本のおもな輸入品の輸入相手国・金額による割合]　2012年
(42　)ニュージーランド23.9%　オーストラリア23.3%
(43　)オーストラリア61.9%　アメリカ合衆国25.7%
(44　)オーストラリア56.6%　ブラジル33.3%
(45　)オーストラリア62.0%　インドネシア19.5%
[語群]　鉄鉱石　　石炭　　羊毛　　牛肉

21 日本(1)

1 自然

ポイントはこれだ☆ 日本列島が環太平洋造山帯にあること，温帯の季節風地域にあることを基礎にして，日本の地形・気候を理解すること。

(1) 地形

日本列島：**環太平洋造山帯**にある
　　　　　山地が多く，平地が少ない。河川は短く，急流。
四つのプレートがぶつかりあう(太平洋・フィリピン海・北米・ユーラシア)
大地溝帯(中央構造線・**フォッサマグナ**)……**大断層帯**
地震が多い(関東大震災，阪神・淡路大震災など)
火山が多い(富士山・阿蘇山・雲仙岳など)　**温泉**が多い
土砂災害が多い(地滑り・土砂くずれなど)　→砂防ダム

(2) 気候

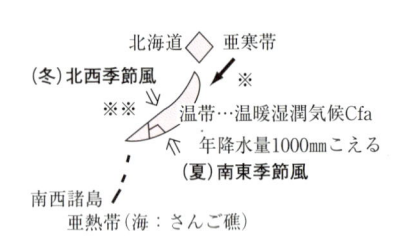

北海道◇亜寒帯
(冬)北西季節風　　※
　　　※※　温帯…温暖湿潤気候Cfa
　　　　　　年降水量1000mmこえる
　　　　　(夏)南東季節風
南西諸島
　亜熱帯(海：さんご礁)

年降水量が多い要因
　台風・梅雨，雪(日本海側)など
　→水田耕作に適す。水害の危険大。
傾斜地の水田開発→棚田
　灌漑・排水に便利。土壌流失を防止。

※やませ：夏季にオホーツク海方面から
　吹く北東の低温風→冷害の要因
※※日本海側に降雪，太平洋側晴天

2 農業

ポイントはこれだ☆ 稲作の発展・変化を理解する。農産物の主産地から，その地方や都道府県が判断できるようにすること。

(1) 米

　[第二次世界大戦後]　**農地改革・食糧管理制度**────→米の生産増加
　[1960年頃～]　**食生活の欧米化・農産物輸入自由化**─→消費減少
　主産地　　　　　　　　　　　　　　　　　　　　　　　　　[1970年～]
　　北海道・新潟：都道府県別全国順位1・2位　　　　　　米の生産調整
　　東北地方：全国生産の4分の1　　　　　　　　　　　　　(減反政策)
　売れる米づくり……1969年：自主流通米制度　　　1995年　**新食糧法**
　　味の良い米：コシヒカリ・ササニシキ・あきたこまち　　米の輸入開始

(2) 農産物輸入の増加→自給率の低下(カロリーベース食料自給率：39%，2013年)

　小麦・大豆・とうもろこしは自給率10%未満，肉類は50%以上だが飼料輸入が多い
　アメリカ合衆国からの輸入が多い(とり肉は中国・タイ・ブラジルからが多い)
　　日本の農業：外国の安い農産物と競争→生産減少(農地減・二毛作減)
　　　　　　→農家減少(専業農家・第一種兼業農家→第二種兼業農家・非農家)

(3) **各地の生産**
 [北海道] 畑作(じゃがいも・たまねぎ・てんさい)，酪農(加工用が多い)
 [東北] 稲作，果樹：青森(りんご)・福島(もも)・山形(さくらんぼ・西洋なし)
 [関東] 畑作(野菜)・畜産(ぶた・にわとり)……近郊農業 群馬(キャベツ)
 [中部] 稲作：新潟，畑作：静岡(茶)・長野(レタス・はくさい…高冷地野菜)
   果樹：静岡(みかん)・長野(りんご)・山梨(ぶどう・もも)
   養蚕：長野・群馬など……戦前さかん(戦後：桑畑→果樹園・野菜畑)
 [近畿] 果樹：和歌山(みかん・梅)
 [中国・四国] 畑作：高知(なす・きゅうり…促成栽培)，果樹：愛媛(みかん)
 [九州] 畑作：鹿児島(さつまいも・茶)・沖縄(さとうきび・パイナップル・菊)
   果樹：佐賀(みかん)，畜産：鹿児島(肉牛・ぶた・ブロイラー)

3　工業

ポイントはこれだ☆　三大都市圏の工業地帯の特色をしっかり覚える。鉄鋼業・石油化学工業などのさかんな都市も覚えること。

(1) **工業の変化**
 [軽工業] ──→ [重工業]
 繊維工業 鉄鋼・機械・造船・石油化学・自動車・電気機器・電子機器

(2) **工業立地**   **電子機器の生産**
 郊外：電気機器・自動車……大工場 ICなど：九州，製品：京浜
 市街地：軽工業・部品工業……中小工場
 臨海部：輸入原料に依存した工業……大工場
   (鉄鋼・石油化学，製粉・製油)
 原料産地：窯業(セメント・陶磁器)

産業の空洞化
企業の海外進出
⇒国内の工場，従業員数減少，
生産減少，海外の安価な工業製品流入

 [石油化学コンビナート○，製鉄所■は太平洋ベルト地帯に]

宇部	徳山	岩国	新居浜	福山	倉敷	姫路	阪神	中京	京浜	京葉	鹿嶋
○	○	○	○	■	■	■	○■	○■	○■	○■	■

 └──── 瀬戸内 ────┘   ■和歌山

(3) **三大都市圏の工業地帯**(工業生産額全国割合：1960年→2012年)

[東京] **京浜工業地帯**(25%→9%) 「大阪」**阪神工業地帯**(21%→11%)
 関東内陸↑(電気機器・自動車)   神戸・尼崎(電気機器)
   (部品)   (鉄鋼)
   都心(印刷・出版)   大阪(日用品・雑貨)
 川崎・横浜 京葉工業地域 輸入原料──堺・泉北工業地域
 (鉄鋼・石油化学) (鉄鋼・石油化学)   (鉄鋼・石油化学)
 製粉・製油 輸入原料

          [名古屋] **中京工業地帯**(11%→17%)
          一宮(毛織物) 瀬戸(陶磁器)
          名古屋 豊田(自動車)＝全国の$\frac{1}{3}$
          四日市　　東海(鉄鋼)
          (石油化学)　輸入原料

スピード・チェック 21 日本(1)

1. (1)〜(18)にあてはまる語句を答えよ。[語群]から選べ。

日本列島は(1)造山帯にあり，全体が巨大な褶曲山脈であるといえる。そのため山地が(2)，平地が(3)，河川が短く，流れは急である。四つのプレートがぶつかりあうため，日本列島は真ん中から折られて，弧状列島となっている。断層も多く，中央構造線や(4)のような大規模な断層帯がみられる。(5)・火山が多いのも特徴で，大きな自然災害が引き起こされるが，火山や温泉など重要な観光資源ともなっている。

日本の気候は，北海道が(6)であるのを除けばすべて(7)である。(8)・小笠原諸島などは冬も暖かく，海岸には(9)がみられる。(10)大陸と太平洋の境界に位置する日本は季節風の影響を受けやすく，(11)は太平洋側，(12)は大陸側から季節風が吹く。日本は全般的に降水量が多く，(13)の北部・東部をのぞき，年降水量1000㎜をこえる。年降水量が多い要因に，(14)や梅雨による降雨があるが，(15)では冬の降雪も大きな要因である。いっぽう(16)では冬は晴天の日が多い。水害・土砂災害など雨による災害も多いが，(17)には土壌流失の防止や，貯水機能があり，この伝統的な農地は防災上も重要な役割を果たしている。夏季にオホーツク海方面から吹く北東の風は「(18)」とよばれ，冷害の原因となる。

[語群] フォッサマグナ　多く　少なく　環太平洋　地震　水田
　　　亜寒帯気候　温暖湿潤気候　夏　冬　台風　やませ　さんご礁
　　　北海道　南西諸島　太平洋側　日本海側　ユーラシア

2. (19)〜(34)にあてはまる語句を答えよ。[語群]から選べ。

米は日本における主食であり，もっとも生産額の多い農産物である。米は年降水量1000㎜以下の北海道北部・東部を除き，日本のほとんどの地域で生産されている。第二次世界大戦後，米の生産量は飛躍的に増大したが，1960年代になって消費量は減少傾向となり，米の在庫量が増えたため，1970年から米の(19)がおこなわれるようになった。また，その前年からは(20)も実施されており，農家は消費者が買ってくれる「売れる米」をつくるようになった。とくに(21)・あきたこまち・ササニシキなど，味の良い米がたくさんつくられるようになった。米の生産が多い都道府県は北海道・(22)，それに秋田県をはじめとする東北地方である。

日本の農産物自給率はきわめて低下しており，(23)・とうもろこし・大豆など自給率10％未満である。日本はとくに(24)からの農産物輸入が多い。

じゃがいもは(25)，さつまいもは(26)で生産が多い。りんごは(27)・長野県，みかんは(28)・和歌山県・静岡県など，ぶどうは(29)・山形県などで生産が多い。茶は(30)・鹿児島県，さとうきびは(31)で生産が多い。北海道では(32)，北海道・鹿児島県では(33)がたくさん飼育されている。都市近郊では(34)の生産が多い。

[語群] 静岡県　沖縄県　新潟県　青森県　山梨県　愛媛県
　　　北海道　鹿児島県　減反政策　自主流通米制度　コシヒカリ
　　　小麦　肉牛　乳牛　野菜　アメリカ合衆国

21 日本(1) 87

3. (35)〜(44)にあてはまる語句を答えよ。[語群]から選べ。

　明治以来，日本は積極的に工業化を進めた。明治期には輸入代替工業にあたる日用品製造や(35)が大阪を中心に発達し，日清戦争後には北九州に製鉄所がつくられ，第一次世界大戦頃には東京と(36)のあいだの海を埋め立てて広大な工業用地がつくられ，重工業が発展した。やがて，名古屋を中心とした工業地帯も発達し，日本の四大工業地帯が成立した。

　第二次世界大戦後の1955年頃から日本の高度経済成長が始まり，輸入原料に依存する(37)・鉄鋼業などが臨海部に，多数の部品生産を必要とする(38)・自動車工業が大都市やその近郊に発達した。その結果，北九州工業地帯と阪神工業地帯のあいだに(39)工業地域，阪神工業地帯が拡大して(40)工業地域，京浜工業地帯が拡大して(41)工業地域が生まれた。中京工業地帯では(42)の自動車工業の発展などもあって，工業生産は大いに伸びたが，北九州工業地帯は鉄鋼業の不振で生産額割合が低下した。

　日本の工業は全般に「(43)ベルト地帯」に発達している。また，電子機器の生産が増加するのにともない，九州はICの生産が多くなり，(44)とよばれている。

[語群]　横浜　　豊田　　堺・泉北　　京葉　　瀬戸内　　シリコンアイランド
　　　　電気機器工業　　綿工業　　石油化学工業　　太平洋

4. (45)〜(48)にあてはまる工業地帯・地域を答えよ。[語群]から選べ。

[工業生産割合]	1960年	1980年	2002年	2012年
(45)	24.7%	17.5%	11.0%	8.9%
(46)	10.8%	11.7%	15.7%	17.3%
(47)	20.9%	14.1%	10.5%	10.5%
北九州	4.1%	2.7%	2.6%	2.9%
(48)	4.4%	8.4%	10.3%	9.4%

[語群]　関東内陸　　京浜　　中京　　阪神

5. (49)〜(52)の工業都市群にあてはまる工業地帯・地域を答えよ。
　　[語群]から選べ。
(49)：徳山・呉・福山・倉敷・新居浜
(50)：豊田・一宮・四日市・瀬戸・名古屋
(51)：川崎・横浜・東京
(52)：大阪・尼崎・神戸・門真

[語群]　京浜　　阪神　　瀬戸内　　中京

6. (53)〜(55)の工業都市群にあてはまる工業名を答えよ。[語群]から選べ。
(53)：大分・福山・倉敷・姫路・堺・和歌山・東海・川崎・千葉
(54)：宇部・新居浜・倉敷・四日市・川崎・市原・岩国・徳山
(55)：広島・豊田・浜松・横浜・横須賀・名古屋・鈴鹿・藤沢

[語群]　自動車　　鉄鋼　　石油化学

22 日本(2)

1 その他の産業

> **ポイントはこれだ☆** 日本の貿易の特色をしっかり理解しておく。商業・サービス業は生活実感から理解するようにつとめること。

(1) **エネルギー**

[電力] 水力 ───1960年───→ 火力・(1970年～原子力)
　　　　　　　　　　　　　　↑　　水力：火力：原子力＝1：6：3(2010年)
[燃料] 石炭 ───1960年───→ 石油……輸入　　エネルギー自給率低下
　　　　（筑豊炭田・石狩炭田など閉山，輸入石炭増大）

(2) **林業**

森林面積：国土の $\frac{2}{3}$（**国有林**30％：東日本に多い，**私有林**55％：西日本に多い）
木材の自給率：1970年頃，輸入材が国産材上回る
　現在は木材の国内生産量・輸入量とも減少→木材加工品の輸入増大

(3) **水産業**

[内水面漁業]（河川・湖・養殖池など）：うなぎ養殖（愛知・静岡）
海面漁業
　[沿岸漁業]（おおむね領海内）：定置網・地引き網　→養殖漁業・栽培漁業
　[沖合漁業]（おおむね日帰り海域）：トロール漁業・巻き網→三陸沖は一大漁場
　[遠洋漁業]（東シナ海）以西底引き網，（北洋漁業）さけ・ます流網
　　　　　　（南洋漁業）かつお一本釣り・まぐろ延縄
魚介類輸入：えび（ベトナム・インドネシア・タイなど），まぐろ類（台湾・韓国など），
　さけ・ます類（チリ・ノルウェーなど）など……日本の漁獲量とほぼ同じ。
国際的な漁業権：**200海里漁業専管水域**・母川国主義（さけ・ます）

(4) **商業・サービス業**

[都市中心商店街]→衰退　　[郊外]→増加
　デパート・専門店　●　　　大駐車場をもつ……アメリカ型
[地元商店街]→衰退　　　　ショッピングセンター・ホームセンター　●
　小売店…日用品　●　　　スーパーマーケット・ファミリーレストラン
　　　　　　　　　　　（●コンビニエンスストア・ファーストフード店が進出）
卸売業においても問屋が都市中心から**郊外へ移転**（問屋街→問屋団地など）
[観光] 海外旅行増大（年1000万人こえる）
　　　 世界遺産（屋久島・白神山地・白川郷など）

(5) **貿易**

[輸入] 一次産品の輸入多い……**鉱産物・農産物の自給率低下**
　工業原料・燃料：石油（サウジアラビア・アラブ首長国連邦），
　　　　　　　　　天然ガス（オーストラリア・カタール・マレーシア）
　　　　　　　　　石炭（オーストラリア），鉄鉱（オーストラリア・ブラジル）
　農産物：小麦・とうもろこし・大豆（アメリカ合衆国），コーヒー（ブラジル・ベトナム）

［輸出］　工業製品がほとんどを占める
　　　　　自動車(アメリカ合衆国), 船舶(パナマ・リベリア……**便宜置籍船**)
［貿易相手国］　1位：中華人民共和国(2007年〜), 2位：アメリカ合衆国, 3位：韓国
　日米貿易摩擦：日本からの大幅な輸出超過が続く
　　日本に対し，農産物・コンピュータ・航空機などの輸入拡大をせまる
　　　　　　　　自動車などの輸出規制をせまる
　　　　　　　　金融・商業などの規制緩和をせまる→アメリカ企業の日本進出

2　人口・開発

ポイントはこれだ☆　人口の変化，大都市のネットワークが重要。開発では何のために，どのような計画がつくられてきたか理解すること。

(1) 人口の変化

	[明治初め]	[現在]
日本の人口	約3500万人	約1億2600万人
出生・死亡	多産多死 →	多産少死 → 少産少死
人口ピラミッド	ピラミッド型	つぼ型(高齢化・少子化)

― 人口変動 ―
1944〜45年　減少(戦争)
1947年前後　ベビーブーム

(2) 産業別人口
第1次産業(農林水産業)：減少　農山漁村の人口減少→**過疎**
第2・3次産業(鉱工業，商業・サービス業)：増加　都市の人口増加→**過密**

(3) 都市人口
三大都市圏(東京・大阪・名古屋)に人口集中…全人口の40%以上(全面積6%)
大都市のネットワーク

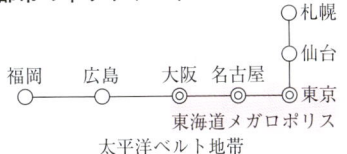

　　　　　　　　　　○札幌
　　　　　　　　　　○仙台
○福岡　○広島　○大阪　○名古屋　○東京
　　　　　　　　　　　東海道メガロポリス
　　　　　　　　　　　太平洋ベルト地帯

◎三大都市圏
○地方中核都市
　各地方の政治・経済の中心として
　1970年代から急速に発達
　第3次産業人口の割合多い

(4) 開発

［戦後復興］　1950年：**国土総合開発法**→特定地域総合開発計画
　　　　　　　　　　　　　治山・治水，電源開発　　石炭から
［高度経済成長］1962年：**全国総合開発計画**　　　　石油へ
(三大都市圏へ人口集中)　　過密防止，工業分散化→新産業都市
　　　　　　　1969年：**新全国総合開発計画**　　　米の減反
　　↓　　　　　　　　　全国のネットワークづくり(高速道路など)
　　　　計画，大きな効果なし→過密・過疎の進行，公害深刻化，自然破壊拡大
［低成長時代］　1977年：**第3次全国総合開発計画**
(石油ショック後)　　　　地方への定住進める→定住構想
　　↓　　　1987年：**第4次全国総合開発計画**
　　東京一極集中傾向強まる　多極分散型国土・テクノポリス

スピード・チェック 22 日本(2)

1. (1)〜(7)にあてはまる語句を答えよ。[語群]から選べ。

日本の発電は火力発電が主体で，発電量の割合は東日本大震災(2011年)直前の段階でおよそ(1   )：(2   )：(3   )＝1：6：3であった。火力発電用の燃料は多くが(4   )である。日本のエネルギー源は「エネルギー革命」によって大きく変化し，(5   )の使用は急減したが，製鉄用の燃料としては重要であり輸入は増大している。

日本の国土面積の3分の2は森林である。東日本では(6   )，西日本では(7   )が多い。木曽の「ひのき」，吉野の「すぎ」は有名である。

[語群] 火力　水力　原子力　石油　石炭　私有林　国有林

2. (8)〜(18)にあてはまる語句を答えよ。[語群]から選べ。

漁業はその魚場の遠近によって三つに分けられる。

沿岸から近い，おおむね領海内でおこなわれる漁業を(8   )という。

おおむね日帰りできる海域でおこなわれる漁業を(9   )といい，わが国で漁獲量が一番多い。とくに(10   )の沖は日本海流(黒潮)と千島海流(親潮)とがぶつかりあう潮目にあたり，世界のなかでも漁獲量の多い漁場となっている。

それより遠い場合，(11   )とよばれる。これには東シナ海の東経128度30分以西でおこなわれる「以西底引(底曳)網漁業」，北太平洋を中心におこなわれる(12   )，南太平洋からインド洋・大西洋でおこなわれる(13   )などがある。(12   )では，たら・(14   )・ます，また(13   )では，かつお・(15   )などがたくさんとれる。日本の漁業を取り巻く国際環境はきびしくなり，(16   )などによる規制が強まっている。

また，河川・湖・養殖池などでおこなわれる漁業が(17   )で，(18   )の養殖は愛知県・静岡県がさかんである。

[語群] 遠洋漁業　沖合漁業　沿岸漁業　200海里漁業専管水域　まぐろ
　　　 北洋漁業　南洋漁業　内水面漁業　三陸海岸　うなぎ　さけ

3. (19)〜(22)にあてはまる語句を答えよ。[語群]から選べ。

小売店は(19   )にたくさん集まり，「商店街」を形成していた。しかし，(20   )に大きな駐車場をもつ大規模小売店が進出し，「商店街」は衰退してきている。

問屋は(21   )にたくさん集まり，「問屋街」を形成していた。しかし，(22   )に大きな駐車場をもつ問屋団地ができ，「問屋街」は衰退してきている。

[語群] 都市中心　郊外（各2回ずつ使用）

4. (23)〜(29)にあてはまる語句を答えよ。[語群]から選べ。

日本では(23   )・鉱産物など一次産品の輸入が多く，(24   )の輸出が多い。2012年の貿易統計によると，日本が輸入する鉄鉱石の56.6%・石炭の62.0%を(25   )から，石油の31.7%を(26   )から，小麦の51.5%・大豆の58.1%を(27   )から輸入している。

日本とアメリカ合衆国の貿易関係についてみてみると，2010年において，日本からの

輸出額がもっとも多い品目は(28　)，アメリカ合衆国からの輸出額がもっとも多い品目は(29　)である。
[語群]　自動車　　農産物　　工業製品　　航空機
　　　　サウジアラビア　　アメリカ合衆国　　オーストラリア

5. (30　)～(34　)の説明文が正しければ○，誤りがあれば×で答えよ。
(30　)日本の人口は明治のはじめにくらべ3倍以上に増加している。
(31　)都市人口が増加しているのに対し，農山漁村の人口が減少している。
(32　)日本の人口ピラミッドは，高齢化・少子化によって，つぼ型からピラミッド型へ変化している。
(33　)東京・名古屋・大阪の三大都市圏を結んだ地域は都市が多く，「東海道メガロポリス」とよばれている。
(34　)東京大都市圏の面積は日本の総面積の6％程度だが，全人口の40％以上が住む。

6. (35　)～(43　)にあてはまる語句を答えよ。[語群]から選べ。
　第二次世界大戦が終わって，日本にとって戦後復興が大きな課題であった。生産と生活の場の回復とともに，荒れ果てた山野の回復も重要であった。米の増産がはかられ，発電・治水・用水利用の多目的ダムが建設された。1955年頃から日本は工業生産がいちじるしく伸び，高度経済成長期にはいった。1960年頃からエネルギーにおいて(35　)から(36　)への転換がはかられ，発電においても(37　)から(38　)への転換がはかられた。高度経済成長期を通じ，三大都市圏へ人口が集中し，(39　)問題が発生するとともに，農山漁村における(40　)問題が深刻化した。1970年，米の(41　)が始められたが，このころになると(42　)・高速道路などによるネットワークが整備されるようになり，企業が地方の拠点を求めて進出し，(43　)が急速に発展した。
[語群]　過密　　過疎　　減反政策　　新幹線　　地方中核都市　　石油　　石炭
　　　　水力　　火力

7. (44　)～(48　)にあてはまる説明文を1～5から答えよ。
1950年　特定地域総合開発計画(44　)　　1977年　第3次全国総合開発計画(47　)
1962年　全国総合開発計画(45　)　　　　1987年　第4次全国総合開発計画(48　)
1969年　新全国総合開発計画(46　)
1．工業発展による三大都市圏への人口集中を解決するため，工業の地方分散化（新産業都市）。
2．大都市圏への人口集中を抑制するため，地方への定住を推進する。
3．産業の地方分散を促進するため，新幹線・高速道路など基幹交通網を建設し，全国のネットワーク化をはかる。
4．戦後の国土復興をはかるため，利水・治水事業を進める（多目的ダム）。
5．東京への一極集中を是正するため，多極分散型国土の形成をはかる（テクノポリス）。

スピード・チェック 23 総合スピード・チェック(1)

1. (^{1}　)～(^{26}　)にあてはまる気候を答えよ。[語群]から選び番号で答えよ。

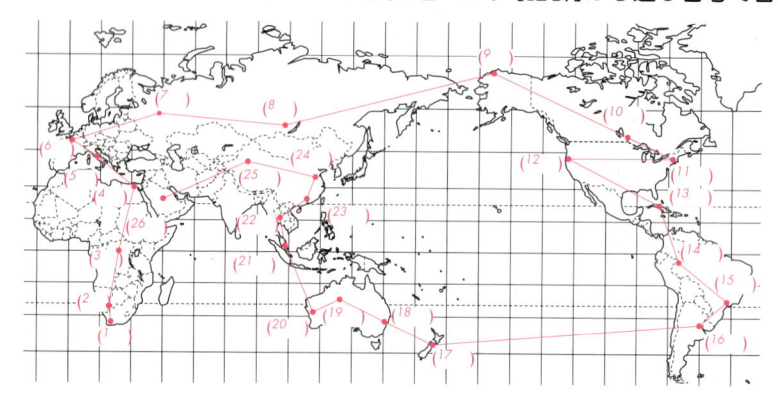

[語群]何回も使用する。
1. 熱帯雨林気候　2. サバナ気候　3. 西岸海洋性気候　4. 温暖湿潤気候
5. 地中海性気候　6. ツンドラ気候　7. 亜寒帯気候　8. 砂漠気候
9. 温暖冬季少雨気候

2. (^{27}　)～(^{40}　)にあてはまる農業形態を答えよ。[語群]から選び番号で答えよ。

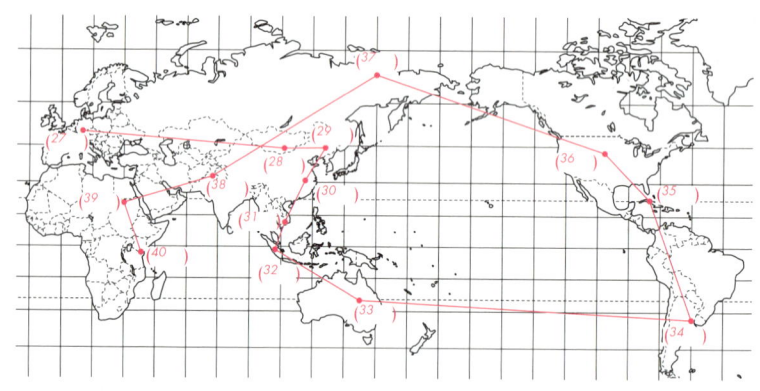

[語群]　何回も使用する。
1. 遊牧　2. 混合農業　3. 企業的放牧業　4. プランテーション農業
5. アジア式畑作農業　6. アジア式稲作農業　7. 企業的穀物農業

23 総合スピード・チェック(1)　93

3. (^{41}　)～(^{57}　)の都市に関連する事項を答えよ。[語群]から選び番号で答えよ。

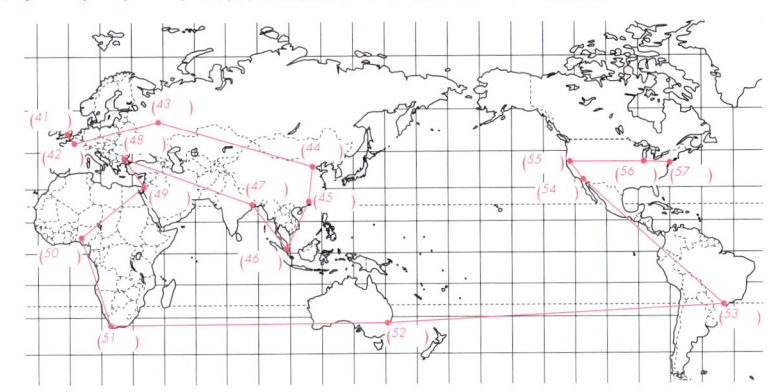

[語群]
1. ヨーロッパ橋・ボスポラス海峡・ビザンチン・コンスタンチノープル
2. ヨルバ族・前首都・ポルトガル人による建設・貿易港
3. バッキンガム宮殿・タワーブリッジ・シティ・ウエストミンスター寺院
4. クック上陸・オペラハウス・2000年オリンピック・貿易港
5. テンタン公園・天安門・王府井・故宮博物館
6. コーヒー集散地・外港サントス・パウリスタ大通り・リベルターデ地区(東洋人街)
7. ユダヤ教・キリスト教・イスラム教・嘆きの壁・岩のドーム
8. 自由の女神・ウォール街・国連本部・マンハッタン
9. UCLA・ロングビーチ・ディズニーランド・ハリウッド・航空機・石油化学
10. マザーテレサミッション・イギリス人による建設・スラム街
11. エッフェル塔・シテ島・モンマルトル・セーヌ川・ヴェルサイユ宮殿
12. マーライオン・ジュロン工業地域・ジョホール海峡・チャンギ空港
13. クレムリン宮殿・ボリショイ劇場・聖ワシリー寺院・赤の広場
14. 特別行政区・1842～1997年イギリス領・ヴィクトリア湾・チェクラブコク空港
15. ミシガン湖・穀物市場・農機工業・食品工業
16. テーブル湾・貿易港・喜望峰
17. 貿易港・セントラルパシフィック鉄道・金門橋

4. (^{58}　)～(^{63}　)にあてはまる国名を答えよ。[語群]から選べ。

注：図の縮尺は同一ではない。

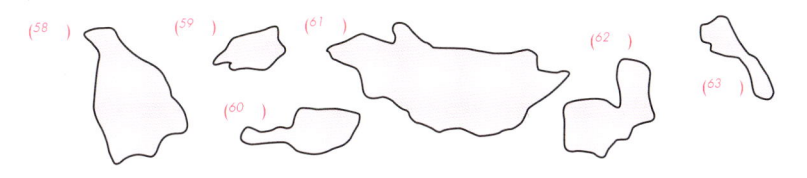

[語群]　ラオス　ザンビア　ボリビア　スイス　モンゴル　オーストリア

スピード・チェック 24 総合スピード・チェック(2)

1. (1)〜(27)にあてはまる地名を答えよ。指定された[語群]から選べ。

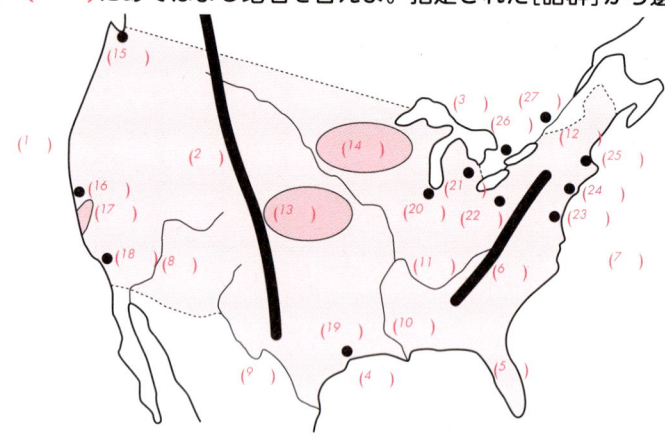

[語群] (1)〜(7)：メキシコ湾・大西洋・太平洋・アパラチア山脈・ロッキー山脈・五大湖・フロリダ半島

(8)〜(14)：テネシー川・リオグランデ川・ミシシッピ川・コロラド川・セントローレンス川・グレートプレーンズ・プレーリー

(15)〜(27)：シアトル・シリコンヴァレー・サンフランシスコ・ピッツバーグ・モントリオール・ロサンゼルス・ヒューストン・フィラデルフィア・ボストン・トロント・デトロイト・ニューヨーク・シカゴ

2. (28)〜(59)にあてはまる地名を答えよ。指定された[語群]から選べ。

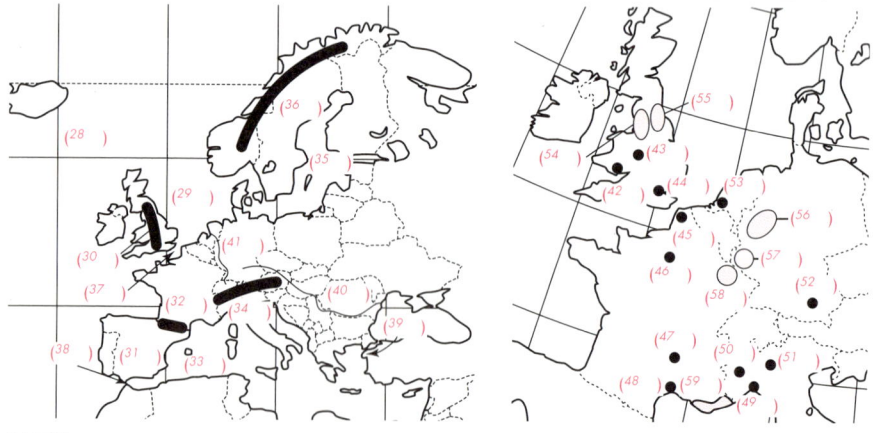

[語群] (28)〜(36)：ピレネー山脈・ペニン山脈・アルプス山脈・北海・バルト海・地中海・大西洋・イベリア半島・スカンディナヴィア山脈

(37)〜(41)：ジブラルタル海峡・ボスポラス海峡・ライン川・ドナウ川・

ドーヴァー海峡
(42)〜(53)：ロンドン・カーディフ・パリ・ジェノヴァ・バーミンガム・ロッテルダム・ミュンヘン・トリノ・リヨン・ダンケルク・フォス・ミラノ
(54)〜(59)：ランカシャー・ヨークシャー・ロレーヌ・ザール・コートダジュール・ルール

3. (60)〜(90)にあてはまる地名を答えよ。指定された[語群]から選べ。

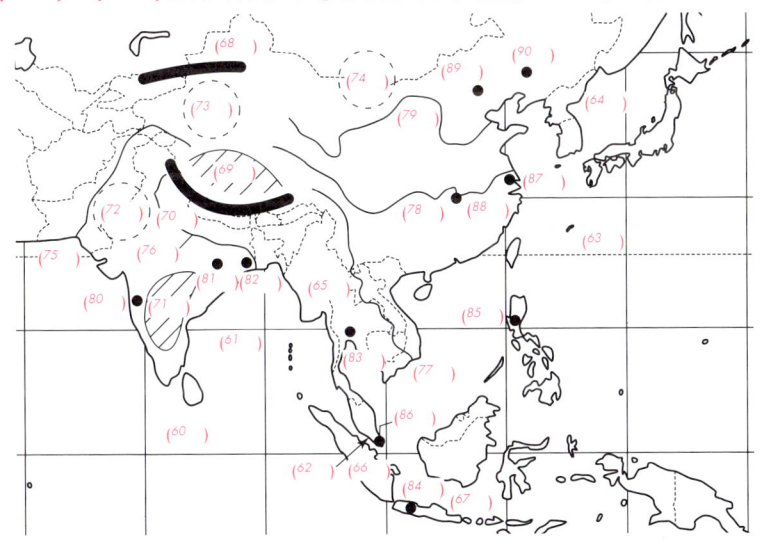

[語群] (60)〜(67)：マラッカ海峡・インド洋・太平洋・ベンガル湾・朝鮮半島・ジャワ島・スマトラ島・インドシナ半島
(68)〜(74)：テンシャン山脈・ヒマラヤ山脈・デカン高原・チベット高原・タクラマカン砂漠・ゴビ砂漠・タール砂漠
(75)〜(79)：メコン川・黄河・長江・ガンジス川・インダス川
(80)〜(90)：シンガポール・シャンハイ・アンシャン・ペキン・ウーハン・ジャムシェドプール・マニラ・ジャカルタ・バンコク・ムンバイ・コルカタ

4. (91)〜(95)にあてはまる国名を答えよ。[語群]から選べ。

注：図の縮尺は同一ではない。

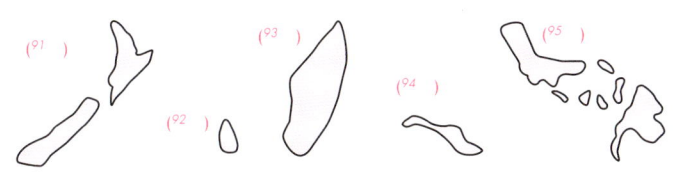

[語群] フィリピン　マダガスカル　ニュージーランド　キューバ　スリランカ

スピード・チェック 25 総合スピード・チェック(3)

1. (¹)～(¹⁹)にあてはまる地名を答えよ。指定された[語群]から選べ。

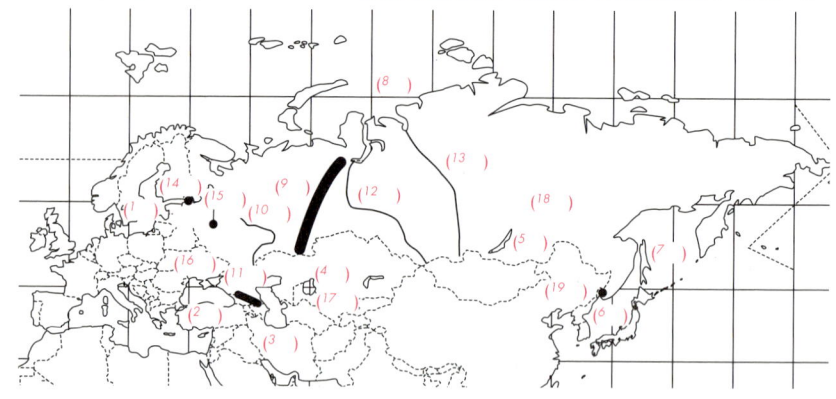

[語群] (¹)～(¹³)：カスピ海・バルト海・日本海・アラル海・黒海・バイカル湖・北極海・オホーツク海・ウラル山脈・カフカス山脈・オビ川・エニセイ川・ボルガ川

(¹⁴)～(¹⁹)：ウクライナ・シベリア・サンクトペテルブルグ・モスクワ・中央アジア・ウラジオストク

2. (²⁰)～(³⁷)にあてはまる地名を答えよ。指定された[語群]から選べ。

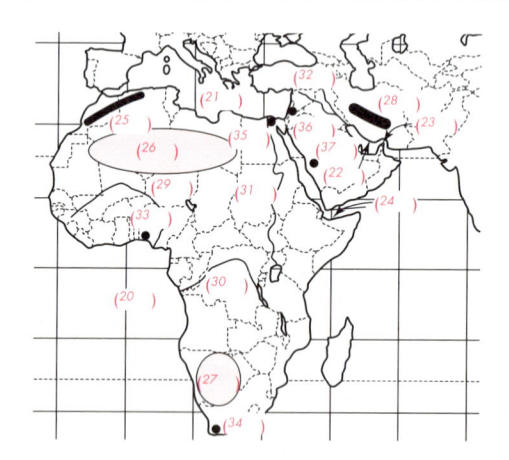

[語群] (²⁰)～(²⁴)：ホルムズ海峡・マンダブ海峡・ギニア湾・地中海・ペルシア湾

(²⁵)～(³²)：アトラス山脈・ザグロス山脈・カラハリ砂漠・サハラ砂漠・ニジェール川・ナイル川・ティグリス＝ユーフラテス川・コンゴ川

(³³)～(³⁷)：メッカ・ラゴス・カイロ・ケープタウン・エルサレム

3. (38) ~ (56) にあてはまる地名を答えよ。指定された[語群]から選べ。

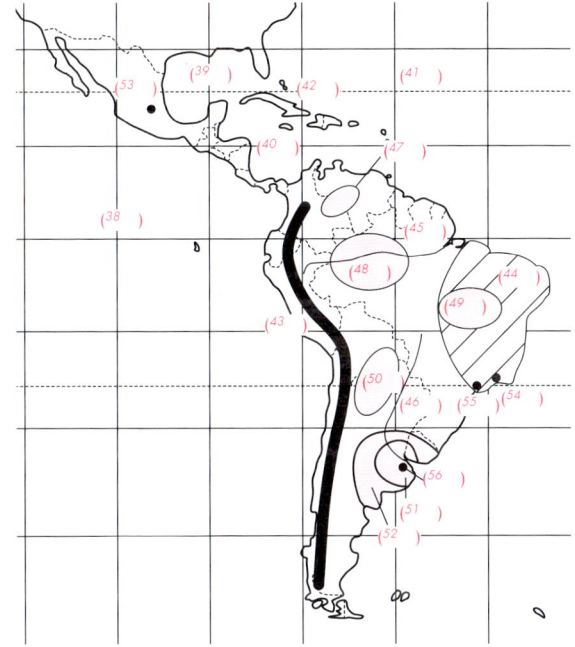

[語群] (38) ~ (46) : 太平洋・大西洋・カリブ海・メキシコ湾・西インド諸島・ブラジル高原・アンデス山脈・ラプラタ川・アマゾン川

(47) ~ (56) : メキシコシティ・リャノ・湿潤パンパ・セルバ・サンパウロ・ブエノスアイレス・乾燥パンパ・カンポセラード・リオデジャネイロ・グランチャコ

4. (57) ~ (67) にあてはまる地名を答えよ。[語群]から選べ。

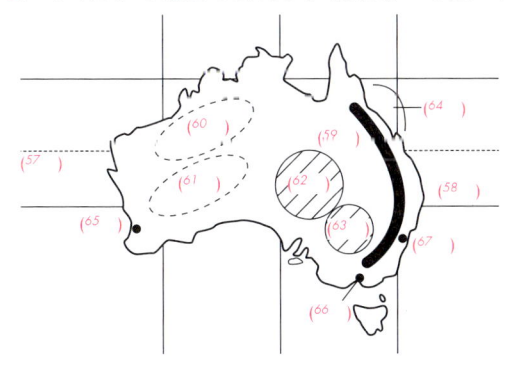

[語群] グレートディヴァイディング山脈・グレートバリアリーフ・大鑽井盆地・グレートサンディー砂漠・グレートヴィクトリア砂漠・太平洋・インド洋・シドニー・パース・メルボルン・マーレーダーリング盆地

スピード・チェック 26　総合スピード・チェック(4)

(1)〜(65)にあてはまる国名を答えよ。（何回も出てくる国がある）

(1　)インチョン・ポハン・ウルサン・マサン
(2　)シェンヤン・アンシャン・パオトウ・ウーハン
(3　)ジャムシェドプール・ラーウルケーラ・アサンソール・バンガロール
(4　)ミラノ・トリノ・ジェノヴァ・タラント
(5　)エッセン・ドルトムント・ザールブリッケン・ゾーリンゲン
(6　)ダンケルク・ルアーブル・ナント・ボルドー
(7　)マンチェスター・リーズ・シェフィールド・バーミンガム
(8　)マグニトゴルスク・ノヴォシビルスク・ニジニータギル・ケメロヴォ
(9　)ピッツバーグ・ヒューストン・シアトル・デトロイト
(10　)イパチンガ・イタビラ・カラジャス・トロンベタス

(11　)ウェイパ・モウラ・アイアンノブ・マウントホエールバック
(12　)ペキン・テンチン・シャンハイ・シェンチェン
(13　)ソウル・テジョン・テグ・プサン
(14　)デリー・コルカタ(カルカッタ)・チェンナイ(マドラス)・ムンバイ(ボンベイ)
(15　)メッカ・ジッダ・メディナ・リヤド
(16　)ラゴス・イバダン・アブジャ・カノ
(17　)カラチ・ラホール・ラワルピンディ・イスラマバード
(18　)ケープタウン・キンバリー・ヨハネスバーグ・プレトリア
(19　)ローマ・ナポリ・フィレンツェ・ヴェネツィア
(20　)チューリヒ・ベルン・バーゼル・ジュネーブ

(21　)マルセイユ・トゥールーズ・リヨン・フォス
(22　)カーディフ・ミドルスブラ・ニューカッスル・グラスゴー
(23　)ベルリン・ミュンヘン・フランクフルト・ハンブルク
(24　)オデッサ・ヤルタ・クリヴォイログ・ドニエツク
(25　)サンクトペテルブルグ・エカテリンブルグ・モスクワ・ハバロフスク
(26　)ケベック・モントリオール・トロント・ヴァンクーヴァー
(27　)ニューヨーク・シカゴ・サンフランシスコ・ロサンゼルス
(28　)シドニー・メルボルン・パース・ブリスベン
(29　)マナオス・ベレン・サンパウロ・リオデジャネイロ
(30　)ケアンズ・ゴールドコースト・ダーウィン・ポートヘッドランド
(31　)ターチン・ターイエ・フーシュン・ユイメン
(32　)ニース・カンヌ・グルノーブル・シャモニー

(33) アムステルダム・ロッテルダム・ハーグ・マーストリヒト
(34) ドレスデン・イエナ・ライプツィヒ・ケムニッツ
(35) ランカシャー・ヨークシャー・ミッドランド・ロンドン
(36) ロレーヌ・ラングドック・シャンパーニュ・ブルターニュ
(37) ザクセン・ルール・ザール・バイエルン
(38) ボストン・フィラデルフィア・ボルティモア・ワシントン
(39) チベット高原・長江・黄河・タリム盆地
(40) 大鑽井盆地・グレートディヴァイディング山脈・タスマニア島・大堡礁

(41) ウラル山脈・ヴォルガ川・バイカル湖・アムール川
(42) スマトラ島・ジャワ島・カリマンタン島・バリ島
(43) ガンジス川・タール砂漠・デカン高原・ヒマラヤ山脈
(44) セーヌ川・ロアール川・ガロンヌ川・ローヌ川
(45) アペニン山脈・エトナ山・ヴェズヴィオ山・ロンバルディア平原
(46) ガヤ・ヴァラナシ(ベナレス)・ゴア・ダージリン
(47) ルソン島・ミンダナオ島・バナナ・タガログ語
(48) ティグリス川・ユーフラテス川・バグダッド・イスラム教・石油
(49) ナイル川・スエズ運河・アスワンハイダム・カイロ
(50) イボ族・ヨルバ族・ハウサ族・ビアフラ戦争

(51) イスタンブール・ボスポラス海峡・トロス山脈・アンカラ
(52) カリバダム・タンザン鉄道・カッパーベルト・ルサカ
(53) 黄金海岸・ヴォルタ湖・コソンボダム・カカオ
(54) マキラドーラ・アカプルコ・アスティカ帝国・リオグランデ川
(55) メキシコ湾・カリブ海・革命・バナナ・砂糖・たばこ
(56) アパルトヘイト政策・レアメタル・喜望峰・オレンジ川
(57) アンチョビー・インカ帝国・リマ・アンデス山脈
(58) グランチャコ・パンパ・ラプラタ川・エスタンシア
(59) チュキカマタ・アタカマ砂漠・銅・サンティアゴ
(60) ファゼンダ・セルバ・カンポセラード・テラローシャ

(61) マジャール人・プスタ・ブダペスト・ドナウ川
(62) ユダヤ教・エルサレム・死海・ヘブライ語
(63) ダカール・フランス語・落花生・あわ
(64) フィン人・ヘルシンキ・北極圏・森林・湖・クローム鉱
(65) アナトリア高原・小アジア・イスラム教・イスタンブール・ボスポラス海

スピード・チェック 27　総合スピード・チェック(5)

1. (¹　)〜(³⁰　)にあてはまる国名を答えよ。（何回も出てくる国がある）

(1　) タイガ・ブリザード・ニューファンドランド島・セントローレンス川
(2　) プレーリー・グレートプレーンズ・グレートベースン・フロリダ半島
(3　) ピレネー山脈・イベリア半島・メセタ・リアスバハス海岸
(4　) キルナ・エリヴァレ・ルレオ・ストックホルム
(5　) オークランド・ウェリントン・クライストチャーチ・マオリ族
(6　) ロッキー山脈・アパラチア山脈・ミシシッピ川・海岸平野
(7　) ベルゲン・フィヨルド・ナルヴィク・ロフォーテン諸島
(8　) オリノコ川・リャノ・カラカス・マラカイボ
(9　) センターピボット・等高線耕作・フィードロット・タウンシップ制
(10　) 華人・ジュロン工業地域・NIEs・マーライオン

(11　) 銀・サイザル麻・NAFTA・メスチソ
(12　) ボーキサイト・ブルーマウンテン・レゲエ・キングストン
(13　) シリコンヴァレー・サンノゼ・シリコンプレーン・サンベルト
(14　) 便宜置籍船・運河・バナナ・スペイン語
(15　) 黒人・便宜置籍船・鉄鉱・英語
(16　) 田園都市構想・ニュータウン・レッチワース・ハーロー
(17　) インディアン・WASP(ワスプ)・黒人・ヒスパニック
(18　) セマウル運動・オンドル・ハングル・ハンガン(漢江)
(19　) ホーチミン・ハノイ・メコンデルタ・ドイモイ政策
(20　) ASEAN本部・ロンボク海峡・強制栽培・丸太輸出禁止

(21　) ハムフン・千里馬運動・トマン江・ピョンヤン
(22　) ルックイースト政策・ブミプトラ政策・クアラルンプール・ペナン島
(23　) ガンジスデルタ・ベンガル湾・サイクロン・ダッカ
(24　) 一人っ子政策・ホンコン・生産請負制度・ランシン鉄道
(25　) ヒンドゥー教・カースト制度・緑の革命・「子供は二人でおしまい」
(26　) ペルシア語・ザグロス山脈・イスラム教・石油
(27　) チンリン＝ホワイ川線・テンシャン山脈・タクラマカン砂漠・黄土
(28　) ゲル・アルタイ山脈・ウランバートル・ゴビ砂漠
(29　) シンハリ人・タミル人・茶・コロンボ
(30　) チャオプラヤ川・チェンマイ・バンコク・浮き稲

27 総合スピード・チェック(5) 101

2. (31   )～(69   )にあてはまる地域をA～Kで答えよ。（指示がない場合は1地域）

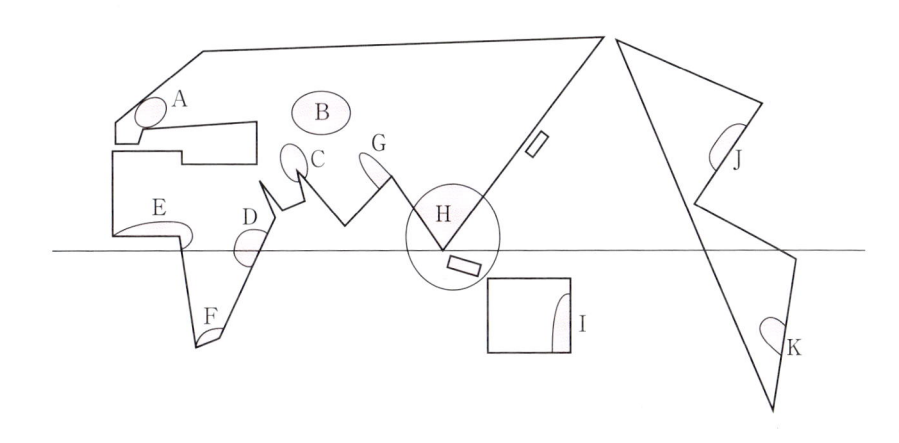

(31) 石油がたくさんとれるペルシア湾地域。　(32) 各種のレアメタルの主産地。
(33) メガロポリス。　(34) ダイヤモンドの産地。
(35) 湿潤パンパがある。　(36) ぶどうの主産地。
(37) オアシス農業がみられる。(2地域)　(38) アジア式稲作農業地域。(2地域)
(39) 有名な観光地ゴールドコーストがある。　(40) ワインの産地。
(41) 宇宙基地や核処理施設がある。　(42) 火山と湖が多い。
(43) 最近までアパルトヘイト政策がとられていた。
(44) 喜望峰がある。　(45) ホルムズ海峡がある。
(46) 奴隷海岸・黄金海岸・象牙海岸がある。　(47) ラプラタ川が流れる。
(48) メルボルン・シドニーがある。　(49) カンヌ・ニースがある。
(50) OPEC結成国が多い。　(51) ニューヨークがある。
(52) ブエノスアイレスがある。　(53) スワヒリ語が使用される。
(54) ペルシア湾がある。　(55) ミストラルが吹く地域あり。
(56) 東に太平洋，西に古期造山帯山脈あり。　(57) ギニア湾岸。
(58) 企業的穀物農業がみられる。(2地域)　(59) カカオの主産地がある。
(60) ASEAN諸国。　(61) ガンジス川が流れる。
(62) 華人が多い。　(63) ジュートの生産地がある。
(64) 綿花の産地がある。　(65) 世界最大の湖がある。
(66) マラッカ海峡がある。　(67) バンコク・ジャカルタがある。
(68) 日本の輸入エビの多くが来る地域。
(69) ブッダガヤ・ヴァラナシ(ベナレス)がある。

28 総合スピード・チェック(6)

1. (^{1}　)〜(^{37}　)にあてはまる地域をA〜Iで答えよ。(指示がない場合は1地域)

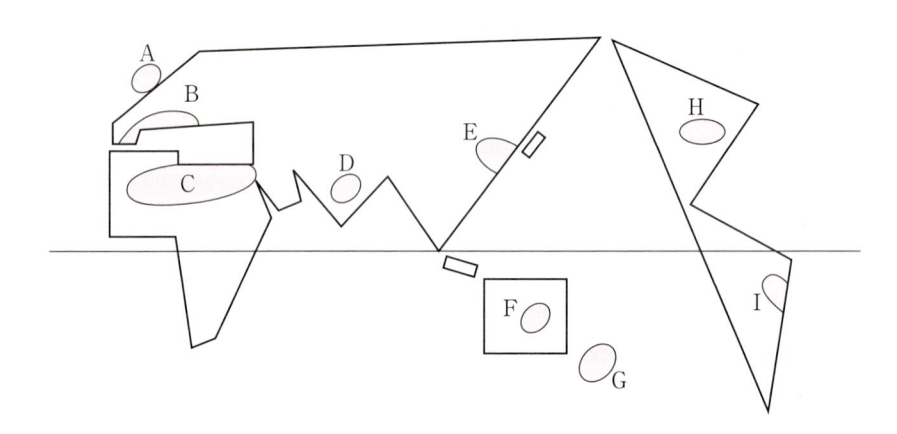

(1 　)テラロッサがみられる。　　　　　(2 　)ニュータウンなどがはじめてつくられた。
(3 　)サバナ気候。(2地域)　　　　　　(4 　)地中海性気候。
(5 　)コーヒーの産地。　　　　　　　　(6 　)テラローシャがみられる。
(7 　)綿花の産地。レグール土がみられる。(8 　)大鑽井盆地。
(9 　)オリーブの産地。　　　　　　　　(10 　)牧羊業がさかん。(2地域)
(11 　)ファゼンダがみられる。　　　　　(12 　)フォガラがみられる。
(13 　)とうもろこし・大豆の主産地。　　(14 　)温暖湿潤気候。(2地域)
(15 　)漢民族による稲作がさかん。　　　(16 　)フィードロットがみられる。
(17 　)イタビラ鉄山がある。　　　　　　(18 　)ターイエ鉄山がある。
(19 　)シングブーム鉄山がある。　　　　(20 　)長江が流れている。
(21 　)ローマがある。　　　　　　　　　(22 　)サンパウロがある。
(23 　)シャンハイがある。　　　　　　　(24 　)カイロがある。
(25 　)オアシス農業がみられる。　　　　(26 　)生産請負制度がおこなわれている。
(27 　)ヒンドゥー教徒が多い。　　　　　(28 　)なつめやしの産地。
(29 　)イスラム教徒が多い。　　　　　　(30 　)カトリック教徒が多い。(2地域)
(31 　)漢民族が多い。　　　　　　　　　(32 　)ペニン山脈がある。
(33 　)先住民はマオリ族。　　　　　　　(34 　)産業革命発祥の地。
(35 　)ロンドンがある。　　　　　　　　(36 　)フィヨルドのみられる地域あり。
(37 　)五大湖がある。

2. (38)〜(77)にあてはまる地域をA〜Lで答えよ。（指示がない場合は1地域）

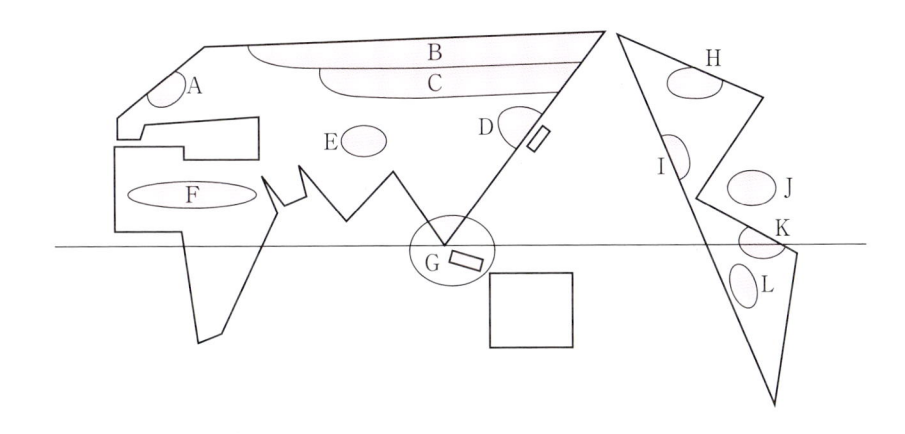

(38) ツンドラ土がみられる。
(39) ポドソル土がみられる。(2地域)
(40) サハラ南部周辺。砂漠化が進んでいる。
(41) 酸性雨による被害が多く発生。
(42) 熱帯林の破壊が進んでいる。(2地域)
(43) サヘル。
(44) タイガが広がっている。(2地域)
(45) ラマ(チベット仏)教徒が多い。
(46) インカ帝国がさかえた。
(47) 地中海式農業地域。
(48) 原木(丸太)の輸出を禁止した国がある。
(49) セルバ
(50) 酪農が発達している。
(51) ヤクを飼育。
(52) フーシュン炭田がある。
(53) アマゾン川が流れる。
(54) 園芸農業が発達している。
(55) シベリア鉄道が通っている。
(56) じゃがいもの原産地域。
(57) チベット高原。
(58) ライン川流域に工業が発達している。
(59) アルパカを飼育。
(60) 西岸海洋性気候。
(61) 高山気候。(2地域)
(62) ツンドラ気候。
(63) 熱帯雨林気候。(2地域)
(64) 亜寒帯気候。(2地域)
(65) 油やしの産地。
(66) 黄河が流れる。
(67) カリブ海・メキシコ湾がある。
(68) 黒人比率が高い。(2地域)
(69) オレンジ・ぶどうの産地。
(70) アンシャン・シェンヤンがある。
(71) リャマを飼育。
(72) ペキンがある。
(73) トナカイの遊牧。
(74) ロサンゼルスがある。
(75) シリコンヴァレーがある。
(76) 大豆の産地がある(原産地)。
(77) 航空機生産が多い。

スピード・チェック 29 総合スピード・チェック(7)

(¹)～(⁷⁰)それぞれ[ ]内の内容に共通しない事項一つを選び答えよ。

(1)[安定陸塊]ブラジル高原・デカン高原・チベット高原・ラブラドル高原
(2)[古期造山帯]ウラル山脈・アパラチア山脈・テンシャン山脈・ザグロス山脈
(3)[新期造山帯]アルプス山脈・ウラル山脈・ロッキー山脈・アンデス山脈
(4)[構造平野の地形]ビュート・モレーン・メサ・ケスタ
(5)[沖積平野の地形]扇状地・三角州・氾濫原・エスチュアリー
(6)[氾濫原の地形]自然堤防・洪積台地・三日月湖・後背湿地
(7)[氷河地形]カール・ホーン・フィヨルド・V字谷
(8)[氷河地形]モレーン・ワジ・レス・アウトウォッシュプレーン
(9)[カルスト地形]バンク・ポリエ・ドリーネ・ウバーレ
(10)[温帯気候]西岸海洋性気候・地中海性気候・サバナ気候・温暖湿潤気候
(11)[熱帯低気圧]トルネード・ハリケーン・サイクロン・ウィリーウィリー
(12)[寒冷局地風]ミストラル・シロッコ・ボラ・ブリザード
(13)[硬葉樹]オリーブ・月桂樹・モミ・コルクがし
(14)[熱帯草原]リャノ・セルバ・カンポセラード・グランチャコ
(15)[間帯土壌]ラトソル・テラローシャ・テラロッサ・レグール土
(16)[アメリカ大陸原産]じゃがいも・さつまいも・タロいも・キャッサバ
(17)[アジア原産]とうもろこし・稲・大豆・ヤムいも
(18)[油脂作物]油やし・ココやし・ひまわり・てんさい
(19)[繊維作物]亜麻・なたね・綿花・ジュート
(20)[地中海性気候主産地作物]オリーブ・ぶどう・オレンジ・りんご
(21)[プランテーション作物]コーヒー・天然ゴム・小麦・油やし
(22)[オアシス農業作物]小麦・稲・なつめやし・綿花
(23)[地下用水路]フォガラ・坎児井(カンアルチン)・カナート・ワジ
(24)[ラテンアメリカの大土地所有制度]アシェンダ・フィードロット・ファゼンダ・エスタンシア
(25)[旧ソ連の油田]北海・バクー・ボルガウラル・チュメニ
(26)[銅鉱山]ビンガム・チュキカマタ・ポトシ・マウントアイザ
(27)[炭田立地の鉄鋼業]バーミンガム・エッセン・ピッツバーグ・ゲーリ
(28)[臨海部立地の鉄鋼業]アンシャン・ダンケルク・フォス・タラント
(29)[アメリカ合衆国のIC工業地域]シリコンヴァレー・シリコンアイランド・シリコンデザート・シリコンプレーン
(30)[宗教都市]エルサレム・バラナシ・メッカ・キャンベラ
(31)[ヨーロッパの三大民族]ゲルマン・ケルト・スラブ・ラテン
(32)[内陸国]スイス・ボリビア・エチオピア・ヨルダン
(33)[海洋国]モルディヴ・キプロス・パナマ・モーリシャス

29 総合スピード・チェック(7)

- (34))[イスラム教が国教]インド・イラン・エジプト・パキスタン
- (35))[英語が公用語]ガーナ・ザンビア・インドネシア・ナイジェリア
- (36))[スペイン語が公用語]ペルー・ブラジル・アルゼンチン・メキシコ
- (37))[正積図法]メルカトル図法・サンソン図法・モルワイデ図法・グード図法
- (38))[正方位図法]心射図法・正距方位図法・ボンヌ図法・平射図法
- (39))[水の得やすいところ]三角州・扇端部・氾濫原・洪積台地
- (40))[水の得にくいところ]扇央部・洪積台地・砂丘・三角州
- (41))[アメリカ合衆国生産世界1位]とうもろこし・大豆・自動車・テレビ
- (42))[ヨーロッパの海峡]ドーヴァー海峡・マラッカ海峡・ジブラルタル海峡・ボスポラス海峡
- (43))[スイス]ILO本部・国際赤十字本部・サンモリッツ・インスブルック
- (44))[日本の自給率10%未満農産物]小麦・米・豆類・とうもろこし
- (45))[イギリスが旧宗主国]インド・マレーシア・タイ・ミャンマー
- (46))[華人の多い国]シンガポール・インドネシア・インド・タイ
- (47))[仏教徒の多い国]ミャンマー・フィリピン・タイ・カンボジア
- (48))[旧ソビエト連邦]コルホーズ・ペレストロイカ・人民公社・コンビナート
- (49))[ポリネシア]ハワイ・タヒチ・サモア・ニューカレドニア
- (50))[計画的都市の首都]キャンベラ・ブラジリア・メキシコシティ・オタワ
- (51))[中南アメリカの混血]メスチソ・イヌイット・サンボ・ムラト
- (52))[NAFTA加盟国]アメリカ合衆国・カナダ・ブラジル・メキシコ
- (53))[アンデス山脈の国ぐに]コロンビア・エクアドル・ペルー・ウルグアイ
- (54))[ギニア湾岸の国ぐに]ナイジェリア・ケニア・ガーナ・コートジボワール
- (55))[地中海に面した国ぐに]アルジェリア・リビア・エジプト・ポルトガル
- (56))[北海沿岸国]イギリス・ノルウェー・オランダ・アイルランド
- (57))[ペルシア湾岸諸国]イラン・クウェート・トルコ・アラブ首長国連邦
- (58))[南シナ海に面した国ぐに]中華人民共和国・ベトナム・フィリピン・スリランカ
- (59))[カリブ海に面した国ぐに]ベネズエラ=ボリバル・キューバ・ウクライナ・パナマ
- (60))[赤道の通る国]ケニア・インド・インドネシア・エクアドル
- (61))[北回帰線の通る国]アルジェリア・サウジアラビア・アルゼンチン・メキシコ
- (62))[南回帰線の通る国]南アフリカ共和国・オーストラリア・インド・チリ
- (63))[北極圏の通る国]ロシア・ニュージーランド・カナダ・ノルウェー
- (64))[アラビア語が公用語]エジプト・サウジアラビア・イラン・イラク
- (65))[複数の公用語]マレーシア・シンガポール・スイス・ベルギー
- (66))[メコン川の流れる国]ベトナム・カンボジア・タイ・ミャンマー
- (67))[ナイル川の流れる国]エジプト・スーダン・ナイジェリア・ウガンダ
- (68))[ライン川の流れる国]オランダ・ベルギー・ドイツ・スイス
- (69))[ドナウ川の流れる国]ドイツ・オーストリア・ハンガリー・トルコ
- (70))[アマゾン川の流れる国]ペルー・アルゼンチン・コロンビア・ブラジル

30 総合スピード・チェック(8)

1. (¹   )～(⁴⁰   )にあてはまる都市圏を答えよ。[語群]から選び，番号で答えよ。

- (1   )兵庫県
- (2   )愛知県
- (3   )神奈川県
- (4   )千葉県
- (5   )埼玉県
- (6   )京都府
- (7   )横浜
- (8   )神戸
- (9   )川崎
- (10)中京工業地帯
- (11)阪神工業地帯
- (12)京浜工業地帯
- (13)堺・泉北工業地域
- (14)京葉工業地域
- (15)鹿島臨海工業地域
- (16)成田空港
- (17)関西空港
- (18)川口
- (19)堺
- (20)豊中
- (21)所沢
- (22)尼崎
- (23)西宮
- (24)一宮
- (25)瀬戸
- (26)芦屋
- (27)四日市
- (28)鎌倉
- (29)京都
- (30)門真
- (31)豊田
- (32)八王子
- (33)千里ニュータウン
- (34)多摩ニュータウン
- (35)関西文化学術研究都市
- (36)ポートアイランド
- (37)筑波研究学園都市
- (38)新宿・池袋・渋谷
- (39)自動車生産全国一
- (40)印刷出版全国一

[語群]　1. 東京大都市圏　2. 名古屋大都市圏　3. 大阪大都市圏

2. (⁴¹   )～(⁵³   )にあてはまる事項を答えよ。[語群]から選び，番号で答えよ。

- (41)：福山・倉敷・神戸・和歌山・東海・川崎・千葉・鹿嶋
- (42)：徳山・岩国・倉敷・堺・四日市・川崎・市原
- (43)：水俣・神通川下流域・阿賀野川流域・四日市
- (44)：福岡・広島・仙台・札幌
- (45)：伊予三島・川之江・富士・苫小牧・釧路
- (46)：広島・倉敷・鈴鹿・豊田・横須賀・横浜
- (47)：新潟・福島・秋田・宮城・北海道
- (48)：宮崎・大分・秋田・岩手・北海道
- (49)：長崎・静岡・宮城・青森・北海道
- (50)：門真・横浜・川崎・藤沢・相模原
- (51)：倉敷・泉大津・一宮・岐阜・岡谷・福井・桐生
- (52)：金沢・高田(上越)・萩・仙台・弘前・熊本
- (53)：新宿・渋谷・池袋

[語群]　1. 公害病　2. 製紙業　3. 米の生産が多い　4. 地方中核都市
　　　　5. 副都心　6. 自動車工業　7. 電気機械工業　8. 鉄鋼業
　　　　9. 海面漁獲量が多い　10. 繊維工業　11. 木材生産量が多い
　　　　12. 石油化学工業　13. 城下町

30 総合スピード・チェック(8)

3. (54)〜(74)にあてはまる都道府県名を答えよ。(二回出てくる都道府県もある)

(54) さつまいもの生産が一番多い。
(55) じゃがいもの生産が一番多い。
(56) キャベツ・菊の生産が一番多く、鶏卵の生産も多い。
(57) レタスの生産が一番多く、りんごの生産も多い。
(58) 露地メロンの生産が一番多く、葉たばこの生産も多い。
(59) みかんの生産が一番多い。
(60) りんごの生産が一番多い。
(61) ぶどう・ももの生産が一番多い。
(62) 茶の生産が一番多く、みかんの生産も多い。
(63) 牛乳の生産が一番多い。
(64) 豚の飼養頭数が一番多い。
(65) 繭の生産が一番多く、キャベツの生産も多い。
(66) 米の生産が県のなかで一番多い。水田単作地帯。スキー場。
(67) リアス式海岸。沖合は世界的な漁場。やませ。
(68) 促成栽培がさかん。かつて米の二期作。和紙。遠洋漁業。
(69) さとうきび・パイナップル・菊の生産が多い。さんご礁。
(70) リアス式海岸と多くの島で、海岸線が長い。造船。漁業。
(71) 北九州工業地帯。筑豊炭田・三池炭田。
(72) 瀬戸大橋・水島工業地域。
(73) 八郎潟干拓地・大潟村
(74) さくらんぼの生産が一番多い。りんご・ぶどう・ももの生産が多い。

4. (75)の問いに答えよ。

(75) 1〜5を古い方から順に並べよ。
1. オイルショック以後、アメリカへ日本車輸出急増。
2. アメリカの自動車生産、世界一を回復。
3. 日本の自動車会社がアメリカに工場を建設。
4 アメリカの自動車生産、世界の50%以上を占める。
5. 日米間の貿易摩擦激化。

5. (76)〜(79)にあてはまる都道府県名を答えよ。[語群]から選べ。

[都道府県別生産量] 肉用牛・乳用牛・ブロイラーは飼育数(2009年)

	キャベツ	レタス	繭	肉用牛	乳用牛	ブロイラー
(76)	1位	3位	1位	−	5位	−
(77)	−	1位	−	−	−	−
(78)	−	−	−	1位	1位	−
(79)	−	−	−	2位	−	1位

[語群]　長野県　鹿児島県　群馬県　北海道

108

付1　略地図を描く

ポイントはこれだ☆ 略地図の描き方を覚えておくと，バラバラな知識を結びつけたり，気候や農業に関する事項の判断に役立つ。

ここでは**各地域ごとの略地図の描き方**を紹介します。

実際に「まとめ」を落書き的にする場合，線が少しくらいまがっていてもかまいません。ただ，位置関係はある程度正確になるよう，気をつけましょう。

略地図のまわりに・をつけておきました（日本地図を除く）。5度ごとの緯度をあらわしています。ノートに描く場合，罫線を利用するとよいでしょう。

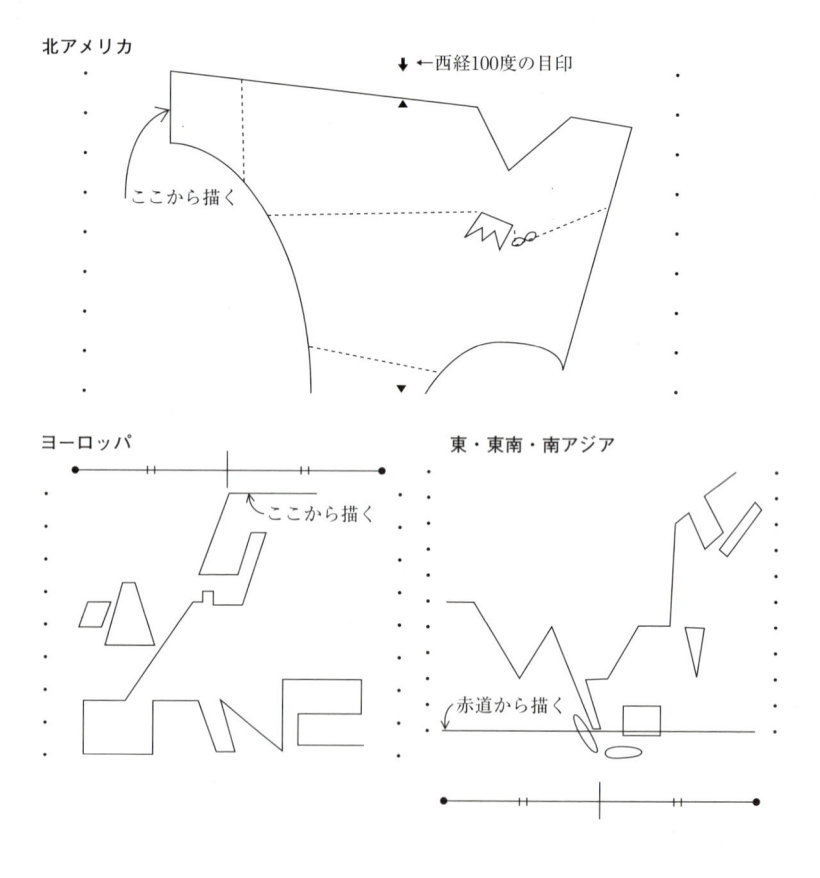

北アメリカ

←西経100度の目印

ここから描く

ヨーロッパ

ここから描く

東・東南・南アジア

赤道から描く

付1　略地図を描く　　109

旧ソビエト連邦

ここから描く（扇形をイメージして）

オーストラリア

ここから描く
（これはかんたん）

ラテンアメリカ

この部分が赤道の少し南

赤道から描く

アフリカ

つぎにここを描く

まず赤道から描く

日本

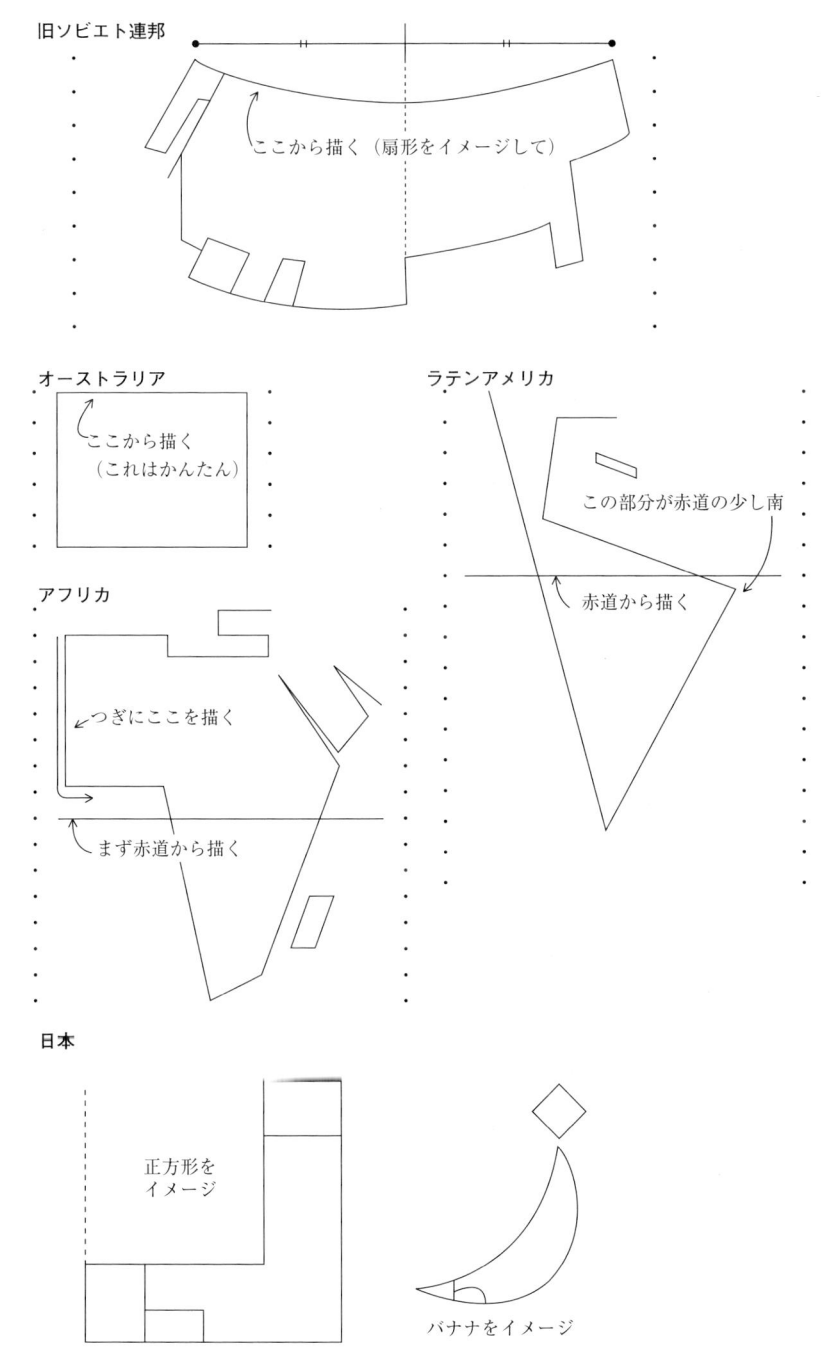

正方形を
イメージ

バナナをイメージ

[課題]　自分で各地域の略地図を描いてみよう。

付2 地域調査の問題

　離島に興味をもつマユさんは，夏休みを利用して，父の友人が住んでいる与論島の地域調査を行うことにした。与論島は奄美諸島に属し，鹿児島県最南端の島である。つぎの問い(問1～8)に答えよ。

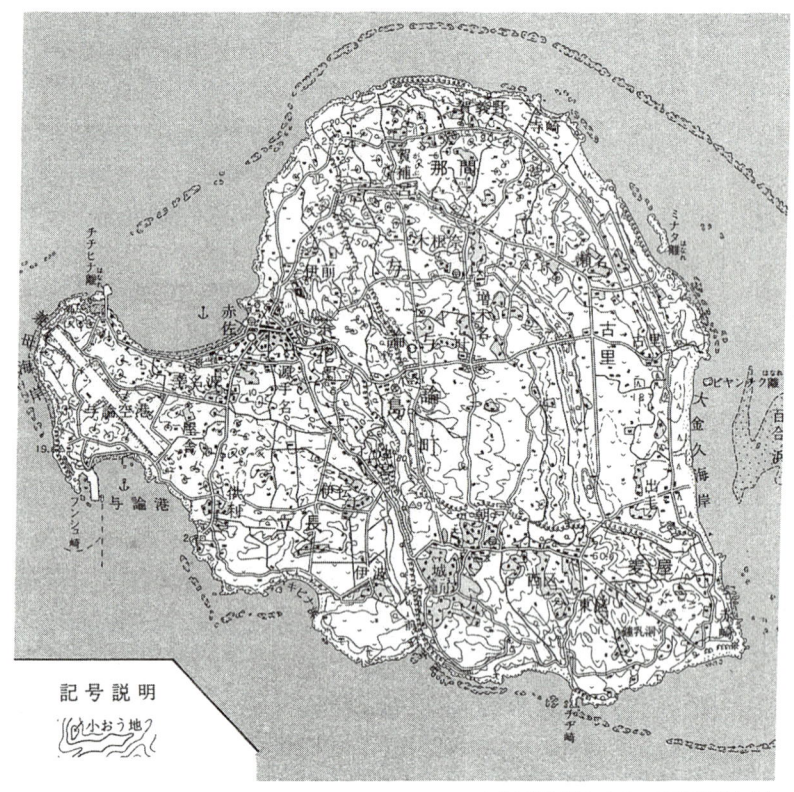

図1

（大学入試センター試験問題より）

問1　マユさんは，与論島がどんなところか，地形図で調べてみた。図1は与論島を示した地形図である。図1から読み取れることがらを述べた文として適当なものを，下の①～④のうちから一つ選べ。
① 与論島は火山島で，島内各所に見られる凹地は噴気孔の跡である。
② 与論島は隆起サンゴ礁の島で，石灰岩質のため，島内各所にドリーネとよばれる凹地が見られ，鍾乳洞もある。
③ 与論島は砂丘が隆起してできた島で，島の周囲には砂州が発達している。島内各所に風によって侵食されてできた凹地が見られる。
④ 与論島はかつて氷河におおわれていたため，島内各所にカールとよばれる氷食凹地が見られ，島の周囲には氷食物が堆積してできたモレーンが見られる。

問2　マユさんは，観光パンフレットに「亜熱帯の島，与論島」というキャッチフレーズをみつけた。次の表1は与論島の各月の平均気温と降水量を示したものである。表1に関連した文として**適当でないもの**を，下の①～④のうちから一つ選べ。

表1　与論島の気候

月	1	2	3	4	5	6	7	8	9	10	11	12	年
平均気温(℃)	16.7	17.3	18.2	20.5	23.3	26.0	28.7	28.8	27.7	25.3	22.1	18.6	22.8
降水量(mm)	94.1	109.4	135.2	148.8	201.1	227.5	128.7	151.1	182.0	154.3	132.4	87.1	1751.7

① 月平均気温をみてみると，最寒月の平均気温が18℃未満であり，与論島は熱帯気候でないことがわかる。
② 各月の降水量をみて，与論島では5月から6月にかけて梅雨の時期であることがわかる。
③ 月平均気温の最暖月・最寒月，月降水量の最多雨月・最少雨月を，一目でわかるように表現するには，雨温図よりハイサーグラフの方が適している。
④ 雨温図は月平均気温を折れ線グラフ，各月降水量を棒グラフで表わしている。

問3　次の表2は，マユさんが，与論島の人口変化をまとめたものである。この人口変化を男女比率がわかるようにグラフに表わす場合，もっとも適切なグラフを，下の①～④のうちから一つ選べ。

表2　与論島の人口変化

年	人口(人)
1935	8630
40	7889
45	7913
50	8141
55	7851
60	7792
65	7181
70	7096
75	6971
80	7320
85	7222
90	6704
95	6120
2000	6099
5	5731
10	5334

(国勢調査結果)

① 折れ線グラフ
② 円グラフ
③ 棒グラフ
④ 三角グラフ

問4 マユさんは，1950年以降減少し続けている与論島の人口が，1980年頃，増加したことに注目し，それが観光産業の発展によるものではないかと思って調べてみた。その結果，与論島では1967年に8000人ほどだった観光客が，「離島ブーム」の影響で，1979年には15万人に達していることがわかった。次の**表3**は与論島を訪れた観光客に関する統計である。**表3**から読み取れることがらを述べた文として**適当でない**ものを，下の①～④のうちから一つ選べ。

表3　与論島を訪れた観光客

年	観光客数(人)	利用交通機関比率 船	利用交通機関比率 航空機
1981	138912	75	25
2005	65330	49	51

月別観光客来島者数(人)

月	1・2月	3・4月	5・6月	7・8月	9・10月	11・12月	計
1979	7216	22421	22442	72441	13897	11970	150387
2010	6170	8533	8829	13361	8901	7834	53628
減少率%	14.5	61.9	60.7	81.6	36.0	34.6	64.3

資料：与論町商工観光課資料をもとに作成

① 与論島を訪れる観光客は，1979年から30年あまりの間に，およそ3分の1に減少した。
② 船を利用して与論島を訪れる観光客は激減したが，航空機の利用者は急増している。
③ 与論島を訪れる観光客が激減したため，航空機の利用者も減少傾向にある。
④ 与論島を訪れる観光客は，とくに夏季に激減したが，冬季はそれほど減少していない。

問5 マユさんが与論空港に着くと，父の友人一家が自家用車で迎えに来ていた。父の友人は町役場がある地区に住んでいる。**図1**を参考に，その地区名を下の①～⑥のうちから一つ選べ。
① 立長　② 茶花　③ 那間　④ 古里　⑤ 麦屋　⑥ 朝戸

問6　マユさんは，父の友人に島内を案内してもらった。図1を参考に，父の友人とマユさんとの会話文中の空欄（　サ　），（　シ　）に当てはまる語句の正しい組合せを，下の①～④のうちから一つ選べ。

父の友人「サザンクロスセンターはどうだった。」
マ　　ユ「360度，一望できて，与論島のようすがよくわかりました。平らな島ですね。」
父の友人「このあたりが与論島で一番高いところだよ。地形図にも97mの表示があるだろう。」
マ　　ユ「はい。このあたりは島の（　サ　）の方ですね。」
父の友人「これから，島の（　シ　）の方へ行くよ。白い砂浜が続く与論島最大のビーチだ。沖合い1.5kmくらいのところに浜があって，干潮の時だけ海面の上に現れるんだ。」
マ　　ユ「行くことができるのですか。」
父の友人「ちょうど良い時間だから，グラスボートで渡ってみよう。年齢の数だけ星砂を拾えば幸せになれるという伝説があるよ。」

	①	②	③	④
サ	北部	南部	北部	南部
シ	東部	西部	西部	東部

問7　マユさんは，与論島でサトウキビ畑をたくさん見て，サトウキビ生産に興味をもった。マユさんは帰宅後，インターネットを使って奄美諸島のサトウキビ生産について調べてみた。次の表4は，奄美諸島に属する各島の面積と，2011年のサトウキビ生産実績を示している。表4に示された4種の指標をグラフ化して，各島のサトウキビ生産を比較する時，もっとも適当なものを，下の①～④のうちから一つ選べ。
　①　レーダーチャート　　②　円グラフ　　③　帯グラフ　　④　散布図

問8　マユさんは，奄美諸島の白地図を使って，表4に示されたサトウキビ生産量を統計地図に表現してみたいと思った。その場合，もっとも適当な表現方法を，下の①～⑤のうちから一つ選べ。
　①　ドットマップ　　②　等値線図　　③　メッシュマップ
　④　階級区分図　　⑤　図形表現図

表4　サトウキビ生産実績（2011年）

島名	面積(km²)	サトウキビ栽培 栽培面積(ha)	10a収量(kg)	生産量(t)
奄美大島	712.4	648	2757	17866
喜界島	56.9	1280	4570	58490
徳之島	247.8	3770	3802	143327
沖永良部島	93.7	1336	3772	50395
与論島	20.5	483	3676	17753
計		7517	18577	287831

資料：JAあまみ資料をもとに作成

付3　センター試験の解法

　センター試験の「地理」の問題は比較的やさしいといわれています。おそらく「地理」の知識を使わなくても解ける問題がいくつかあるからでしょう。しかし，「地理」は出題の幅が広く，出題傾向をつかみにくく，「日本史」のように過去6～8年の試験問題をやっておけば，知識として利用できる，というようなわけにはなかなかいきません。したがって，過去出題問題をやって，少しでも知識を増やすのはもちろん，問題をやりながら，自分のもっている知識を最大限引き出す練習をしてください。

① **いきなり設問を読む**
　どんな長い文章があっても，下線部があっても，ほとんどの場合，設問だけ読めば，何がきかれているかわかります。文章をていねいに読むことは望ましいことですが，1分30秒以内に一つの設問に答えなければならないという「試験」の現実の前には，解答に必要なことだけ読み取っていくことが重要です。

② **特色のある事項は判断の目印になる**
　四択の問題が多いので，「これが正解だ」とわかれば一番良いのですが，正解がはっきりわからない場合，消去法で正解にせまっていきます。四つのうち二つはあきらかに正解ではないとわかる選択肢があるはずです。「ブラジルといえばコーヒー」「チリといえば銅」のように代表例をしっかり覚えておくと，正解にすぐせまることができるか，誤りをすぐ消去することができます。かんたんに言えば「暗記しなさい」ということかと思うでしょう。しかし，その暗記，ただただ暗記しようとすればできるというものではありません。
　◎**問題をやりながら，自然に覚える。**
　　過去出題問題や，本書の「スピード・チェック」など，繰り返しやること。
　◎**関連づける。**
　　「ドリーネはカルスト地形」「他に，ウバーレもポリエもカルスト地形」と関連づけて頭に入れておく。日頃から白地図の略図を描いて，出てきた事項を落書き的で良いから書き込んで，地図上に関連づけて頭に入れておく。（とくに，地理学習の場合，とても重要です。）

③ **解く時に使っている知識は，そのほとんどが基本的なもの**
　たとえば，日本に関することのほとんどは「中学社会の地理的分野」で出てくることです。過去出題問題をやればやるほど，自分のもっている知識の活用法がわかってきます。また，選択肢のどれもが正しく，あるいは誤まっているようにみえたら，少し視点を変えてみましょう。地理の知識ではなく，一般常識から判断できる問題もあります。

こんなとき

　やらなければならないことは，わかっているのに，気持ちだけあせって，勉強が手につかない。そんな時，読んでみてください。

勉強が手につかない───

　やらなければならないことはいっぱいあるのに，勉強がぜんぜん進まない。時間だけ，どんどんすぎてしまって，このままでは希望の大学に合格できない。そんなことを考えていると，ますます勉強が手につかなくなって。やらなければならないことは，わかっているのに。

やらないでいると，不安はますます大きくなります───

　もっと成績を良くしたい。合格したい。積極的で，前向きだから悩むのです。不安になるのです。勉強が手につかないと，そのことでまた不安になって，また勉強をとめてしまいます。そうすると，不安はまた大きくなってしまいます。見えないものは何でも，大きく，おそろしいものに見えるものです。

さぁ，受験科目を紙に書いてみましょう───

　英語は何をやりますか。入試までに何と何をやるか書いてみましょう。地理は何をやりますか。さて，今やらなければならないことは何ですか。当面，まず問題集1冊終わること。やる問題集がなければ，まず買ってくるところから始まります。1冊の問題集は1〜2カ月以内で終わらせましょう。そのためには毎日何ページやる必要がありますか。毎日2ページですか。

それでは，今から始めましょう───

　やっていなければ，ますます不安になることはわかっているはずです。「こんな勉強で合格できるのだろうか」「こんなに苦労して，はたして大学へ行く意味なんてあるのだろうか」そんな不安や疑問は，消えることはありません。「不安や疑問が解決してから」なんて言っていたら，一生何もできません。不安や疑問をもちながらも，今，やらなければならないことを，具体的に始めましょう。

スピード・チェック表

○は何も見ないで正解　△は調べて正解

項目		総数	実施日	○	△	実施日	○	△
1	地理学習の基礎	18						
2	地理情報と地図の活用	36						
3	世界の地形	52						
4	世界の気候	40						
5	植生・土壌・環境問題	50						
6	世界の農牧業	35						
7	世界の鉱工業	34						
8	林業・水産業・第三次産業	35						
9	交通・通信	25						
10	貿易	54						
11	人口・村落・都市	44						
12	民族・宗教・国家	46						
13	東・東南・南アジア(1)	48						
14	東・東南・南アジア(2)	53						
15	西アジア・アフリカ	47						
16	ヨーロッパ	58						
17	旧ソビエト連邦	43						
18	アングロアメリカ(北アメリカ)	50						
19	ラテンアメリカ(中南アメリカ)	52						
20	オセアニア	45						
21	日本(1)	55						
22	日本(2)	48						
23	総合スピード・チェック(1)	63						
24	総合スピード・チェック(2)	95						
25	総合スピード・チェック(3)	67						
26	総合スピード・チェック(4)	65						
27	総合スピード・チェック(5)	69						
28	総合スピード・チェック(6)	77						
29	総合スピード・チェック(7)	70						
30	総合スピード・チェック(8)	79						

地理A・B
30日完成
スピードマスター地理問題集

2015年2月25日　第1版1刷発行
2020年10月31日　第1版6刷発行

編著者	北野　豊
発行者	野澤　伸平
印刷所	明和印刷株式会社
製本所	有限会社　穴口製本所
発行所	株式会社　山川出版社
	〒101-0047　東京都千代田区内神田1-13-13
	電話　03（3293）8131（営業）
	03（3293）8135（編集）
	https://www.yamakawa.co.jp/
	振替　00120-9-43993
装　幀	水戸部功＋菊地信義

Ⓒ 2015　Printed in Japan　ISBN 978-4-634-05427-1

- 造本には十分注意しておりますが，万一，落丁・乱丁などがございましたら，小社営業部宛にお送りください。送料小社負担にてお取り替えいたします。
- 定価はカバーに表示してあります。

30日完成 スピードマスター 地理問題集 〔地理A・B〕

解　答

山川出版社

補記）用語に関するお願い

　気候区分・農牧業類型など教科書・参考書・問題集によって，表記の違う場合がある。問題を解く時，さしつかえないことが多いが，本書と異なる表記をいくつか紹介しておく。
気候区分
　　Ａｍ：弱い乾季のある熱帯雨林気候　　　Ｃｗ：温帯夏雨気候
　　亜寒帯気候：Ｄａ・Ｄｂ（湿潤大陸性気候）・Ｄｃ・Ｄｄ（亜寒帯気候）という区分や，Ｄｆ（亜寒帯湿潤気候）・Ｄｗ（亜寒帯冬季少雨気候）という区分がある。また，これらを組み合わせたものもある。

農牧業類型
　　移動式農業：焼畑農業（原始的自給農業などの区分もある）
　　アジア式稲作農業・アジア式畑作農業：アジア的稲作農業・アジア的畑作農業
　　企業的放牧業：企業的牧畜

解 答 *1*

スピード・チェック 1

1. （1）経線 （2）緯線 （3）ロンドン （4）180 （5）赤道 （6）0 （7）90
2. （8）ヨーロッパ （9）旧ソビエト連邦 （10）東アジア （11）東南アジア （12）南アジア （13）西アジア （14）北アフリカ （15）中南アフリカ （16）アングロアメリカ（北アメリカ） （17）ラテンアメリカ(中南アメリカ) （18）オセアニア
3. 本文5ページの図参照

スピード・チェック 2

1. （1）サンソン図法 （2）モルワイデ図法 （3）グード図法 （4）正射図法 （5）心射図法 （6）正距方位図法 （7）ボンヌ図法 （8）メルカトル図法
2. （9）大圏航路 （10）等角航路
3. （11）500m （12）250m （13）1km （14）500m （15）4cm （16）6cm （17）4km （18）2km
4. （19）約1.6km² （20）約0.4km²

方眼に占める割合
$1 \times 2 = 2$　　$\frac{3}{4} \times 2 = \frac{6}{4}$
$\frac{1}{2} \times 5 = \frac{5}{2}$　　$\frac{1}{4} \times 2 = \frac{2}{4}$
　　　　　　　以上　計 $6\frac{1}{2}$

1cm方眼の面積
［5万分の1］　　　［25000分の1］
$\frac{1}{2}\text{km} \times \frac{1}{2}\text{km}$　　$\frac{1}{4}\text{km} \times \frac{1}{4}\text{km}$
$= \frac{1}{4}\text{km}^2$　　　　$= \frac{1}{16}\text{km}^2$

全体の面積
［5万分の1］　　　［25000分の1］
$6\frac{1}{2} \times \frac{1}{4}\text{km}^2$　　$6\frac{1}{2} \times \frac{1}{16}\text{km}^2$
$= \frac{13}{8} = 1.625\text{km}^2$　$= \frac{13}{32} ≒ 0.406\text{km}^2$

5. （21）D （22）B （23）A （24）C
6. （25）北（または北北西） （26）扇状地 （27）天井川（てんじょう） （28）三日月湖 （29）500m （30）江戸時代 （31）1・3・4・6
7. （32）洪積台地 （33）路村 （34）A （35）500m （36）1

スピード・チェック 3

1. （1）地殻 （2）安定陸塊 （3）楯状地 （4）卓状地 （5）造山帯 （6）古期造山帯 （7）新期造山帯 （8）石炭 （9）地震
2. （10）ケスタ （11）地塁（地塁山地）
3. （12）ペニン山脈 （13）スカンディナヴィア山脈 （14）アルプス山脈 （15）ピレネー山脈 （16）アトラス山脈 （17）ウラル山脈 （18）ザグロス山脈 （19）ヒマラヤ山脈 （20）グレートディヴァイディング山脈 （21）ロッキー山脈 （22）アパラチア山脈 （23）アンデス山脈 （24）デカン高原 （25）ブラジル高原
4. （26）扇状地 （27）氾濫原 （28）自然堤防 （29）後背湿地 （30）三日月湖 （31）三角州
5. （32）リアス式海岸 （33）海岸段丘 （34）エスチュアリー （35）カール （36）ホーン（ホルン） （37）U字谷 （38）フィヨルド （39）モレーン （40）レス （41）ワジ （42）カルスト地形 （43）ポリエ （44）カルデラ （45）裾礁 （46）堡礁 （47）環礁 （48）大陸棚 （49）海嶺 （50）アイスランド （51）海溝 （52）津波

スピード・チェック 4

1. （1）気候要素 （2）気候因子 （3）熱帯 （4）温帯 （5）亜寒帯（冷帯） （6）寒帯 （7）低 （8）乾燥帯
2. （9）北東貿易風 （10）南東貿易風 （11）偏西風 （12）季節風
3. （13）夏 （14）冬 （15）雨季 （16）乾季
4. （17）ケッペン （18）氷雪気候 EF

(19)ツンドラ気候 ET　(20)冷帯(亜寒帯)D　(21)温暖湿潤気候Cfa　(22)温帯夏雨気候Cw　(23)西岸海洋性気候Cfb　(24)地中海性気候Cs　(25)ステップ気候BS　(26)砂漠気候BW　(27)サバナ気候Aw　(28)熱帯雨林気候Af　(29)高山気候H

5. (30)ミストラル　(31)フェーン　(32)ボラ　(33)シロッコ　(34)ハルマッタン　(35)やませ　(36)ブリザード　(37)サイクロン　(38)ウィリーウィリー　(39)台風　(40)ハリケーン

スピード・チェック 5

1. (1)ツンドラ　(2)針葉樹林　(3)落葉広葉樹林　(4)常緑広葉樹林　(5)熱帯雨林　(6)サバナ　(7)ステップ　(8)ツンドラ土　(9)ポドゾル　(10)褐色森林土　(11)ラトソル　(12)チェルノーゼム　(13)砂漠土

2. (14)タイガ　(15)プレーリー　(16)グレートプレーンズ　(17)リャノ　(18)セルバ　(19)カンポセラード　(20)グランチャコ　(21)湿潤パンパ　(22)乾燥パンパ

3. (23)チェルノーゼム　(24)テラローシャ　(25)テラロッサ　(26)レグール土

4. (27)酸性雨　(28)地球温暖化　(29)オゾン層破壊　(30)熱帯林破壊

5. (31)インドネシア　(32)熱帯林破壊　(33)地球温暖化　(34)モルディヴ　(35)オゾン層破壊　(36)高緯度　(37)酸性雨　(38)ヨーロッパ　(39)中国

6. (40)サヘル　(41)2-4-1-3-5

7. (42)水俣病　(43)新潟水俣病　(44)イタイイタイ病　(45)四日市ぜんそく

8. (46)ストックホルム　(47)人間環境宣言　(48)リオデジャネイロ　(49)アジェンダ21　(50)京都

スピード・チェック 6

1. (1)移動式農業　(2)遊牧　(3)オアシス農業　(4)アジア式稲作農業　(5)アジア式畑作農業　(6)地中海式農業　(7)混合農業　(8)酪農　(9)園芸農業　(10)企業の穀物農業　(11)企業的放牧業　(12)プランテーション農業

2. (13)冬小麦　(14)春小麦　(15)ライ麦　(16)タロいも　(17)ヤムいも　(18)キャッサバ　(19)じゃがいも　(20)さとうきび　(21)てんさい　(22)ココやし　(23)なつめやし　(24)油やし　(25)ジュート　(26)綿花　(27)サイザル麻

3. (28)輪作　(29)三圃式農業　(30)棚田　(31)等高線耕作　(32)タウンシップ制　(33)フィードロット　(34)センターピボット　(35)エスタンシア　(36)ファゼンダ　(37)緑の革命　(38)生産請負制

4. (39)米　(40)小麦　(41)とうもろこし　(42)大豆　(43)バナナ　(44)茶　(45)コーヒー　(46)カカオ　(47)綿花　(48)天然ゴム

スピード・チェック 7

1. (1)鉄鉱　(2)銅鉱　(3)石炭　(4)石油　(5)ボーキサイト　(6)すず　(7)ニッケル

2. (8)石油　(9)石炭　(10)鉄鉱　(11)銅鉱

3. (12)ザンビア　(13)希少金属(レアメタル)　(14)南アフリカ共和国

4. (15)水力　(16)蒸気力　(17)電力

5. (18)原料立地　(19)市場立地　(20)用水立地　(21)原料立地　(22)市場立

地　(23)用水立地
6．(24)繊維工業　(25)鉄鋼業　(26)電子工業
7．(27)鉄鋼業　(28)石油化学工業　(29)石油化学工業　(30)鉄鋼業
8．(31)シカゴ　(32)ロンドン　(33)シリコンヴァレー　(34)シリコンアイランド

スピード・チェック 8

1．(1)アメリカ合衆国　(2)ブラジル　(3)ロシア　(4)カナダ　(5)スウェーデン
2．(6)アマゾン　(7)インドネシア　(8)マホガニー　(9)チーク　(10)ラワン
3．(11)○　(12)×(日本は世界でも代表的な木材輸入国)　(13)○
4．(14)定置網漁業　(15)巻き網漁業　(16)トロール漁業　(17)(まぐろ)延縄漁業　(18)(かつお)一本釣り漁業
5．(19)太平洋北西部　(20)大西洋北東部　(21)大西洋北西部　(22)アンチョビー　(23)ドッガーバンク　(24)メキシコ湾流(メキシコ海流)
6．(25)中心商店街　(26)デパート　(27)駐車場　(28)コンビニエンスストア
7．(29)○　(30)×(第一次産業人口割合が多い)　(31)○　(32)×(日本は旅行日数が短く，費用は多い)　(33)○　(34)○　(35)○

スピード・チェック 9

1．(1)パナマ　(2)リベリア　(3)アメリカ合衆国　(4)TGV　(5)アウトバーン　(6)日本　(7)ロシア　(8)パナマ運河　(9)ユーロトンネル　(10) 1

2．(11)○　(12)×　(13)○　(14)×　(15)○　(16)○
3．(17) 1月13日午後6時10分　(18) 1月14日午後10時10分

　日本とニューヨークとの経度差は135－(－75)＝210
　時差は210÷15＝14　ニューヨークの方が14時間遅い。
(19)①
　X　75度　Y　120度　X，Yの経度差は120－75＝45　時差45÷15＝3
　XよりYの方が時刻が遅いので，Xが12時の時，Yはそれより3時間前。つまり9時。

4．(20)×　(21)○　(22)×
5．(23)ランシン鉄道　(24)シベリア鉄道　(25)ユニオンパシフィック鉄道

スピード・チェック 10

1．(1)アメリカ合衆国　(2)ドイツ　(3)大韓民国　(4)メキシコ　(5)日本　(6)フランス　(7)オーストラリア　(8)カナダ　(9)イギリス　(10)デンマーク　(11)スペイン　(12)ノルウェー　(13)ガーナ　(14)インドネシア　(15)ケニア　(16)サウジアラビア　(17)エチオピア　(18)コートジボアール　(19)マレーシア　(20)タイ　(21)ザンビア　(22)南アフリカ共和国　(23)ニュージーランド　(24)ナイジェリア　(25)エクアドル　(26)ジャマイカ　(27)チリ　(28)コロンビア
2．(29)アジアNIEs　(30)EU諸国　(31)日本　(32)中華人民共和国　(33)EU諸国　(34)アメリカ合衆国
3．(35)えび　(36)航空機　(37)牛肉　(38)鉄鉱　(39)衣類　(40)銅鉱　(41)コーヒー　(42)小麦　(43)とうもろこし　(44)石油　(45)羊毛　(46)

アルミニウム　(47)石炭　(48)木材　(49)ダイヤモンド　(50)大豆　(51)液化天然ガス　(52)自動車　(53)鉄鋼　(54)カラーテレビ

スピード・チェック⓫

1. (1)ヨーロッパ　(2)アジア　(3)人口爆発　(4)多産多死　(5)多産少死　(6)インド　(7)中華人民共和国　(8)少産少死　(9)高齢化　(10)北アメリカ

2. (11)エチオピア　(12)アメリカ合衆国　(13)ドイツ

3. (14)1930年　(15)1998年　(16)1960年

4. (17)条里集落　(18)環濠集落　(19)奈良盆地　(20)江戸　(21)北海道　(22)屯田兵村　(23)砺波平野

5. (24)都心　(25)中心業務地区　(26)新宿　(27)副都心　(28)衛星都市　(29)ニュータウン　(30)昼間　(31)夜間　(32)再開発　(33)コナベーション　(34)メガロポリス

6. (35)商業都市　(36)宗教都市　(37)工業都市　(38)学園都市　(39)住宅都市

7. (40)港町　(41)市場町　(42)門前町　(43)城下町　(44)宿場町

スピード・チェック⓬

1. (1)人種　(2)民族

2. (3)イヌイット　(4)アボリジニー　(5)マオリ族　(6)マジャール人　(7)ケルト人

3. (8)インド　(9)ベルギー　(10)スイス　(11)メキシコ　(12)ブラジル　(13)カナダ　(14)ガーナ　(15)セネガル

4. (16)オーストラリア　(17)南アフリカ共和国　(18)アメリカ合衆国　(19)カナダ

5. (20)イスラム　(21)メッカ　(22)ヒンドゥー　(23)カースト　(24)仏　(25)キリスト

6. (26)主権　(27)領空　(28)排他的経済水域　(29)ロシア　(30)カナダ　(31)中華人民共和国　(32)インド　(33)アメリカ合衆国　(34)多民族国家　(35)エジプト

7. (36)OPEC　(37)EU　(38)ASEAN

8. (39)カナダ　(40)アメリカ合衆国　(41)メキシコ　(42)南アフリカ共和国　(43)タイ　(44)ラオス　(45)インド　(46)中華人民共和国

スピード・チェック⓭

1. (1)ヒマラヤ　(2)チベット　(3)長江　(4)メコン　(5)ガンジス　(6)ジャワ　(7)インドシナ　(8)日本　(9)デカン

2. (10)季節風　(11)太平洋　(12)インド洋　(13)台風　(14)サイクロン　(15)稲　(16)チンリン＝ホワイ川線　(17)畑作　(18)小麦　(19)こうりゃん　(20)タクラマカン　(21)遊牧　(22)ヤク

3. (23)プランテーション　(24)油やし　(25)ココやし　(26)天然ゴム　(27)ジュート　(28)インド　(29)アッサム　(30)綿花　(31)レグール土　(32)バナナ

4. (33)1000　(34)浮き稲　(35)中華人民共和国　(36)インド　(37)タイ　(38)人民公社　(39)生産請負制　(40)セマウル　(41)緑　(42)マニラ

5. (43)中華人民共和国　(44)インド　(45)インドネシア　(46)フィリピン　(47)トルコ　(48)パキスタン

スピード・チェック 14

1. (1)12 (2)一人っ子政策 (3)ペキン (4)フーシュン (5)アンシャン (6)ターイエ (7)ウーハン (8)経済特区 (9)シェンチェン (10)ホンコン (11)ピョンヤン (12)朝鮮民主主義人民共和国 (13)ソウル (14)大韓民国 (15)千里馬運動 (16)NIEs (17)ウルサン (18)セマウル運動

2. (19)イギリス (20)フランス (21)オランダ (22)アメリカ合衆国 (23)タイ (24)ジュロン (25)NIEs (26)ルックイースト (27)ドイモイ (28)ASEAN

3. (29)イギリス (30)ヒンドゥー (31)イスラム (32)バングラデシュ (33)カシミール (34)スリランカ (35)デリー (36)コルカタ (37)ムンバイ (38)ジャムシェドプール

4. (39)大韓民国 (40)モンゴル (41)中華人民共和国 (42)ベトナム (43)タイ (44)フィリピン (45)シンガポール (46)インドネシア (47)マレーシア (48)インド (49)スリランカ (50)パキスタン

5. (51)セマウル運動 (52)ブミプトラ政策 (53)華人

スピード・チェック 15

1. (1)アトラス (2)ザグロス (3)大地溝帯 (4)ティグリス (5)ペルシャ湾 (6)ナイル (7)地中海 (8)ギニア湾 (9)コンゴ (10)熱帯雨林 (11)サバナ (12)サハラ (13)カラハリ (14)ステップ (15)地中海性 (16)砂漠

2. (17)ステップ (18)イスラム (19)メッカ (20)キリスト (21)アラビア (22)ペルシャ (23)イスラエル (24)OPEC

3. (25)奴隷 (26)アメリカ合衆国 (27)ガーナ (28)セネガル (29)モノカルチャー

4. (30)移動式農業 (31)タロいも (32)プランテーション農業 (33)カカオ (34)オアシス農業 (35)なつめやし (36)オレンジ

5. (37)エチオピア (38)ケニア (39)コートジボワール (40)ナイジェリア (41)ザンビア

6. (42)リベリア (43)南アフリカ共和国 (44)ナイジェリア (45)アラブ首長国連邦

7. (46)サヘル (47)3

スピード・チェック 16

1. (1)ボスポラス (2)地中海 (3)ジブラルタル (4)ドーヴァー (5)ケスタ (6)鉄鉱石 (7)ペニン (8)石炭 (9)ルール (10)フィヨルド (11)ピレネー (12)アルプス (13)北海 (14)ライン (15)ドナウ

2. (16)偏西風 (17)西岸海洋性 (18)三圃式 (19)混合 (20)園芸 (21)酪農 (22)オランダ (23)地中海性 (24)オリーブ (25)ワイン (26)ミストラル (27)ボラ (28)シロッコ (29)フェーン

3. (30)ゲルマン (31)ラテン (32)スラブ (33)カトリック (34)ケルト (35)ベルギー (36)スイス (37)マジャール

4. (38)ランカシャー (39)マンチェスター (40)インド (41)リバプール (42)ヨークシャー (43)ミッドランド (44)ルール (45)エッセン (46)石炭 (47)トリノ (48)ダンケルク (49)タ

ラント　(50)ルアーヴル　(51)ロンドン

5．(52)ザール　(53)商品　(54)EEC　(55)ベネルクス三国　(56)イギリス　(57)通貨　(58)EU

スピード・チェック🔢17

1．(1)ウラル　(2)ボルガ　(3)カスピ海　(4)ライ麦　(5)黒海　(6)黒土　(7)小麦　(8)タイガ　(9)シベリア　(10)ステップ　(11)遊牧　(12)綿花　(13)ツンドラ　(14)トナカイ

2．(15)ロシア革命　(16)国有化　(17)5カ年計画　(18)コルホーズ　(19)ソフホーズ　(20)石炭　(21)コンビナート　(22)シベリア　(23)中央アジア　(24)消費財　(25)ペレストロイカ　(26)バルト三国

3．(27)モスクワ　(28)ロシア　(29)ギリシャ正教　(30)イスラム教　(31)石油　(32)チェリヤビンスク　(33)石炭　(34)クリボイログ　(35)ドネツ

4．(36)石油　(37)石炭　(38)鉄鉱石

5．(39)大韓民国　(40)津軽　(41)中華人民共和国　(42)ナホトカ　(43)新潟

スピード・チェック🔢18

1．(1)メキシコ湾　(2)大西洋　(3)太平洋　(4)楯状地　(5)メサビ　(6)アパラチア山脈　(7)石炭　(8)ロッキー山脈　(9)石油　(10)プレーリー　(11)グレートプレーンズ　(12)ミシシッピ川　(13)寒帯　(14)亜寒帯　(15)タイガ　(16)ブリザード　(17)五大湖　(18)49　(19)メキシコ　(20)ハリケーン　(21)トルネード　(22)100　(23)乾燥帯　(24)地中海性気候　(25)温暖湿潤気候

2．(26)インディアン　(27)イヌイット　(28)ケベック　(29)フランス　(30)黒人　(31)ヒスパニック

3．(32)綿花　(33)小麦　(34)肉牛　(35)五大湖　(36)サンベルト

4．(37)B　(38)E　(39)A　(40)F　(41)G　(42)D　(43)C　(44)H

5．(45)エレクトロニクス産業　(46)バイオテクノロジー　(47)石油ショック　(48)穀物メジャー　(49)日米貿易摩擦　(50)米

スピード・チェック🔢19

1．(1)インディアン　(2)インディオ　(3)スペイン人　(4)スペイン語　(5)カトリック　(6)メスチソ　(7)アフリカ　(8)ムラト

2．(9)ブラジル　(10)鉄鉱石　(11)イタビラ　(12)アンデス　(13)ポトシ　(14)石油　(15)マラカイボ　(16)アマゾン　(17)ラプラタ　(18)メキシコ　(19)カリブ

3．(20)セルバ　(21)サバナ　(22)リャノ　(23)カンポセラード　(24)グランチャコ　(25)アタカマ　(26)湿潤パンパ　(27)乾燥パンパ　(28)高山　(29)じゃがいも　(30)アルパカ

4．(31)ファゼンダ　(32)エスタンシア　(33)プランテーション　(34)コーヒー　(35)バナナ　(36)企業的穀物農業　(37)企業的放牧業　(38)テラローシャ　(39)イパチンガ　(40)マキラドーラ　(41)スラム街　(42)メキシコシティ　(43)サンパウロ

5．(44)メキシコ　(45)ジャマイカ　(46)キューバ　(47)ベネズエラ＝ボリバル　(48)ブラジル　(49)アルゼンチン　(50)チリ　(51)ボリビア　(52)ペルー

スピード・チェック 20

1. （1）太平洋 （2）さんご礁 （3）・（4）タロいも・キャッサバ （5）火山 （6）ポリネシア （7）ミクロネシア （8）メラネシア （9）フランス （10）マオリ

2. （11）グレートディヴァイディング （12）シドニー （13）キャンベラ （14）西岸海洋性 （15）大鑽井 （16）マーレーダーリング （17）グレートヴィクトリア （18）地中海性 （19）サバナ （20）グレートバリアリーフ

3. （21）アボリジニー （22）白豪主義 （23）石炭 （24）鉄鉱石 （25）ボーキサイト （26）羊毛 （27）多文化主義 （28）日本

4. （29）○ （30）○ （31）× （32）○ （33）× （34）○ （35）○ （36）○ （37）×

5. （38）鉄鉱石 （39）石炭 （40）中華人民共和国 （41）日本

6. （42）羊毛 （43）牛肉 （44）鉄鉱石 （45）石炭

スピード・チェック 21

1. （1）環太平洋 （2）多く （3）少なく （4）フォッサマグナ （5）地震 （6）亜寒帯気候 （7）温暖湿潤気候 （8）南西諸島 （9）さんご礁 （10）ユーラシア （11）夏 （12）冬 （13）北海道 （14）台風 （15）日本海側 （16）太平洋側 （17）水田 （18）やませ

2. （19）減反政策 （20）自主流通米制度 （21）コシヒカリ （22）新潟県 （23）小麦 （24）アメリカ合衆国 （25）北海道 （26）鹿児島県 （27）青森県 （28）愛媛県 （29）山梨県 （30）静岡県 （31）沖縄県 （32）乳牛 （33）肉牛 （34）野菜

3. （35）綿工業 （36）横浜 （37）石油化学工業 （38）電気機器工業 （39）瀬戸内 （40）堺・泉北 （41）京葉 （42）豊田 （43）太平洋 （44）シリコンアイランド

4. （45）京浜 （46）中京 （47）阪神 （48）関東内陸

5. （49）瀬戸内 （50）中京 （51）京浜 （52）阪神

6. （53）鉄鋼 （54）石油化学 （55）自動車

スピード・チェック 22

1. （1）水力 （2）火力 （3）原子力 （4）石油 （5）石炭 （6）国有林 （7）私有林

2. （8）沿岸漁業 （9）沖合漁業 （10）三陸海岸 （11）遠洋漁業 （12）北洋漁業 （13）南洋漁業 （14）さけ （15）まぐろ （16）200海里漁業専管水域 （17）内水面漁業 （18）うなぎ

3. （19）都市中心 （20）郊外 （21）都市中心 （22）郊外

4. （23）農産物 （24）工業製品 （25）オーストラリア （26）サウジアラビア （27）アメリカ合衆国 （28）自動車 （29）航空機

5. （30）○ （31）○ （32）× （33）○ （34）×

6. （35）石炭 （36）石油 （37）水力 （38）火力 （39）過密 （40）過疎 （41）減反政策 （42）新幹線 （43）地方中核都市

7. （44）4 （45）1 （46）3 （47）2 （48）5

23 総合スピード・チェック（1）

1. （1）5 （2）8 （3）1 （4）8 （5）5 （6）3 （7）7 （8）7 （9）6 （10）7 （11）4 （12）5

(13) 2　(14) 1　(15) 2　(16) 4
(17) 3　(18) 4　(19) 8　(20) 5
(21) 1　(22) 2　(23) 9　(24) 4
(25) 8　(26) 8

2．(27) 2　(28) 1　(29) 5　(30) 6
(31) 6　(32) 4　(33) 3　(34) 7
(35) 4　(36) 7　(37) 1　(38) 5
(39) 1　(40) 4

3．(41) 3　(42)11　(43)13　(44) 5
(45)14　(46)12　(47)10　(48) 1
(49) 7　(50) 2　(51)16　(52) 4
(53) 6　(54) 9　(55)17　(56)15
(57) 8

4．(58)ボリビア　(59)スイス　(60)オーストリア　(61)モンゴル　(62)ザンビア　(63)ラオス

24 総合スピード・チェック(2)

1．(1)太平洋　(2)ロッキー山脈　(3)五大湖　(4)メキシコ湾　(5)フロリダ半島　(6)アパラチア山脈　(7)大西洋　(8)コロラド川　(9)リオグランデ川　(10)ミシシッピ川　(11)テネシー川　(12)セントローレンス川　(13)グレートプレーンズ　(14)プレーリー　(15)シアトル　(16)サンフランシスコ　(17)シリコンヴァレー　(18)ロサンゼルス　(19)ヒューストン　(20)シカゴ　(21)デトロイト　(22)ピッツバーグ　(23)フィラデルフィア　(24)ニューヨーク　(25)ボストン　(26)トロント　(27)モントリオール

2．(28)大西洋　(29)北海　(30)ペニン山脈　(31)イベリア半島　(32)ピレネー山脈　(33)地中海　(34)アルプス山脈　(35)バルト海　(36)スカンディナヴィア山脈　(37)ドーヴァー海峡　(38)ジブラルタル海峡　(39)ボスポラス海峡　(40)ドナウ川　(41)ライン川　(42)カーディフ　(43)バーミンガム　(44)ロンドン　(45)ダンケルク　(46)パリ　(47)リヨン　(48)フォス　(49)ジェノヴァ　(50)トリノ　(51)ミラノ　(52)ミュンヘン　(53)ロッテルダム　(54)ランカシャー　(55)ヨークシャー　(56)ルール　(57)ザール　(58)ロレーヌ　(59)コートダジュール

3．(60)インド洋　(61)ベンガル湾　(62)マラッカ海峡　(63)太平洋　(64)朝鮮半島　(65)インドシナ半島　(66)スマトラ島　(67)ジャワ島　(68)テンシャン山脈　(69)チベット高原　(70)ヒマラヤ山脈　(71)デカン高原　(72)タール砂漠　(73)タクラマカン砂漠　(74)ゴビ砂漠　(75)インダス川　(76)ガンジス川　(77)メコン川　(78)長江　(79)黄河　(80)ムンバイ　(81)ジャムシェドプール　(82)コルカタ　(83)バンコク　(84)ジャカルタ　(85)マニラ　(86)シンガポール　(87)シャンハイ　(88)ウーハン　(89)ペキン　(90)アンシャン

4．(91)ニュージーランド　(92)スリランカ　(93)マダガスカル　(94)キューバ　(95)フィリピン

25 総合スピード・チェック(3)

1．(1)バルト海　(2)黒海　(3)カスピ海　(4)アラル海　(5)バイカル湖　(6)日本海　(7)オホーツク海　(8)北極海　(9)ウラル山脈　(10)ボルガ川　(11)カフカス山脈　(12)オビ川　(13)エニセイ川　(14)サンクトペテルブルグ　(15)モスクワ　(16)ウクライナ　(17)中央アジア　(18)シベリア　(19)ウラジオストク

2．(20)ギニア湾　(21)地中海　(22)ペルシア湾　(23)ホルムズ海峡　(24)マ

ンダブ海峡　(25)アトラス山脈　(26)サハラ砂漠　(27)カラハリ砂漠　(28)ザグロス山脈　(29)ニジェール川　(30)コンゴ川　(31)ナイル川　(32)ティグリス＝ユーフラテス川　(33)ラゴス　(34)ケープタウン　(35)カイロ　(36)エルサレム　(37)メッカ

3．(38)太平洋　(39)メキシコ湾　(40)カリブ海　(41)大西洋　(42)西インド諸島　(43)アンデス山脈　(44)ブラジル高原　(45)アマゾン川　(46)ラプラタ川　(47)リャノ　(48)セルバ　(49)カンポセラード　(50)グランチャコ　(51)湿潤パンパ　(52)乾燥パンパ　(53)メキシコシティ　(54)リオデジャネイロ　(55)サンパウロ　(56)ブエノスアイレス

4．(57)インド洋　(58)太平洋　(59)グレートディヴァイディング山脈　(60)グレートサンディー砂漠　(61)グレートヴィクトリア砂漠　(62)大鑽井盆地　(63)マーレーダーリング盆地　(64)グレートバリアリーフ　(65)パース　(66)メルボルン　(67)シドニー

26 総合スピード・チェック(4)

(1)大韓民国　(2)中華人民共和国　(3)インド　(4)イタリア　(5)ドイツ　(6)フランス　(7)イギリス　(8)ロシア　(9)アメリカ合衆国　(10)ブラジル　(11)オーストラリア　(12)中華人民共和国　(13)大韓民国　(14)インド　(15)サウジアラビア　(16)ナイジェリア　(17)パキスタン　(18)南アフリカ共和国　(19)イタリア　(20)スイス　(21)フランス　(22)イギリス　(23)ドイツ　(24)ウクライナ　(25)ロシア　(26)カナダ　(27)アメリカ合衆国　(28)オーストラリア　(29)ブラジル　(30)オーストラリア　(31)中華人民共和国　(32)フランス　(33)オランダ　(34)ドイツ　(35)イギリス　(36)フランス　(37)ドイツ　(38)アメリカ合衆国　(39)中華人民共和国　(40)オーストラリア　(41)ロシア　(42)インドネシア　(43)インド　(44)フランス　(45)イタリア　(46)インド　(47)フィリピン　(48)イラク　(49)エジプト　(50)ナイジェリア　(51)トルコ　(52)ザンビア　(53)ガーナ　(54)メキシコ　(55)キューバ　(56)南アフリカ共和国　(57)ペルー　(58)アルゼンチン　(59)チリ　(60)ブラジル　(61)ハンガリー　(62)イスラエル　(63)セネガル　(64)フィンランド　(65)トルコ

27 総合スピード・チェック(5)

1．(1)カナダ　(2)アメリカ合衆国　(3)スペイン　(4)スウェーデン　(5)ニュージーランド　(6)アメリカ合衆国　(7)ノルウェー　(8)ベネズエラ＝ボリバル　(9)アメリカ合衆国　(10)シンガポール　(11)メキシコ　(12)ジャマイカ　(13)アメリカ合衆国　(14)パナマ　(15)リベリア　(16)イギリス　(17)アメリカ合衆国　(18)大韓民国　(19)ベトナム　(20)インドネシア　(21)朝鮮民主主義人民共和国　(22)マレーシア　(23)バングラデシュ　(24)中華人民共和国　(25)インド　(26)イラン　(27)中華人民共和国　(28)モンゴル　(29)スリランカ　(30)タイ

2．(31)C　(32)F　(33)J　(34)F　(35)K　(36)A　(37)B・C　(38)G・H　(39)I　(40)A　(41)B　(42)D　(43)F　(44)F　(45)C

(46) E　(47) K　(48) I　(49) A
(50) C　(51) J　(52) K　(53) D
(54) C　(55) A　(56) I　(57) E
(58) I・K　(59) E　(60) H　(61) G
(62) H　(63) G　(64) B　(65) B
(66) H　(67) H　(68) H　(69) G

28 総合スピード・チェック(6)

1. (1) B　(2) A　(3) D・I　(4) B　(5) I　(6) I　(7) D　(8) F
(9) B　(10) F・G　(11) I　(12) C
(13) H　(14) E・H　(15) E　(16) H
(17) I　(18) E　(19) D　(20) E
(21) B　(22) I　(23) E　(24) C
(25) C　(26) E　(27) C　(28) C
(29) C　(30) B・I　(31) E　(32) A
(33) G　(34) A　(35) A　(36) G
(37) H

2. (38) B　(39) C・H　(40) F　(41) A　(42) G・K　(43) F　(44) C・H
(45) E　(46) L　(47) I　(48) G
(49) K　(50) A　(51) E　(52) D
(53) K　(54) A　(55) C　(56) L
(57) E　(58) A　(59) L　(60) A
(61) E・L　(62) B　(63) G・K
(64) C・H　(65) G　(66) D　(67) J
(68) F・J　(69) I　(70) D　(71) L
(72) D　(73) B　(74) I　(75) I
(76) D　(77) I

29 総合スピード・チェック(7)

(1)チベット高原　(2)ザグロス山脈　(3)ウラル山脈　(4)モレーン　(5)エスチュアリー　(6)洪積台地　(7)V字谷　(8)ワジ　(9)バンク　(10)サバナ気候　(11)トルネード　(12)シロッコ　(13)モミ　(14)セルバ　(15)ラトソル　(16)タロいも　(17)とうもろこし　(18)てんさい　(19)なたね　(20)りんご　(21)小麦　(22)稲　(23)ワジ　(24)フィードロット　(25)北海　(26)ポトシ　(27)ゲーリ　(28)アンシャン　(29)シリコンアイランド　(30)キャンベラ　(31)ケルト　(32)ヨルダン　(33)パナマ　(34)インド　(35)インドネシア　(36)ブラジル　(37)メルカトル図法　(38)ボンヌ図法　(39)洪積台地　(40)三角州　(41)テレビ　(42)マラッカ海峡　(43)インスブルック　(44)米　(45)タイ　(46)インド　(47)フィリピン　(48)人民公社　(49)ニューカレドニア　(50)メキシコシティ　(51)イヌイット　(52)ブラジル　(53)ウルグアイ　(54)ケニア　(55)ポルトガル　(56)アイルランド　(57)トルコ　(58)スリランカ　(59)ウクライナ　(60)インド　(61)アルゼンチン　(62)インド　(63)ニュージーランド　(64)イラン　(65)マレーシア　(66)ミャンマー　(67)ナイジェリア　(68)ベルギー　(69)トルコ　(70)アルゼンチン

30 総合スピード・チェック(8)

1. (1) 3　(2) 2　(3) 1　(4) 1
(5) 1　(6) 3　(7) 1　(8) 3
(9) 1　(10) 2　(11) 3　(12) 1
(13) 3　(14) 1　(15) 1　(16) 1
(17) 3　(18) 1　(19) 3　(20) 3
(21) 1　(22) 3　(23) 3　(24) 2
(25) 2　(26) 3　(27) 2　(28) 3
(29) 3　(30) 3　(31) 2　(32) 1
(33) 3　(34) 1　(35) 3　(36) 3
(37) 1　(38) 1　(39) 2　(40) 1

2. (41) 8　(42) 12　(43) 1　(44) 4
(45) 2　(46) 6　(47) 3　(48) 11
(49) 9　(50) 7　(51) 10　(52) 13
(53) 5

3.(54)鹿児島　(55)北海道　(56)愛知　(57)長野　(58)熊本　(59)愛媛　(60)青森　(61)山梨　(62)静岡　(63)北海道　(64)鹿児島　(65)群馬　(66)新潟　(67)岩手　(68)高知　(69)沖縄　(70)長崎　(71)福岡　(72)岡山　(73)秋田　(74)山形

4.(75) 4 - 1 - 5 - 3 - 2

5.(76)群馬県　(77)長野県　(78)北海道　(79)鹿児島県

付2 地域調査の問題

問1．②　問2．③（それぞれの指標の最大値・最小値を知るには，関連性を表現したハイサーグラフより，棒グラフ・折れ線グラフを使った雨温図の方がわかりやすい）　問3．③（人口の変化は折れ線グラフでも表現できるが，男女の比率を表わすには棒グラフの方が適している）　問4．②（観光客数と比率から，航空機利用者を計算してみると，1981年には約35000人。2005年には約33000人で，減少している）　問5．②　問6．④　問7．①（レーダーチャートは4種以上の指標を表わすのに優れている）　問8．⑤（どの島の生産量が多いか，比較する場合には階級区分図も適当であるが，生産量の大小を視覚化するには，数量を円などの大きさで表現する図形表現図の方が優れている）

地理 A・B
30日完成
スピードマスター地理問題集　　解答

2015年 2月25日　第 1 版 1 刷発行
2020年10月31日　第 1 版 6 刷発行

編 著 者	北野　豊
発 行 者	野澤　伸平
印 刷 所	明和印刷株式会社
製 本 所	有限会社　穴口製本所
発 行 所	株式会社　山川出版社

〒101-0047　東京都千代田区内神田1-13-13
電話　03（3293）8131（営業）
　　　03（3293）8135（編集）
https://www.yamakawa.co.jp/
振替　00120-9-43993

Ⓒ　2015　Printed in Japan　ISBN 978-4-634-05427-1

● 造本には十分注意しておりますが，万一，落丁・乱丁などがございましたら，小社営業部宛にお送りください。送料小社負担にてお取り替えいたします。